上海市工程建设规范

国土分类标准

Standard of territory classification

DG/TJ 08—2391—2021
J 16173—2022

主编单位：上海市地质调查研究院
批准部门：上海市住房和城乡建设管理委员会
施行日期：2022年5月1日

同济大学出版社

2024　上海

图书在版编目(CIP)数据

国土分类标准 / 上海市地质调查研究院主编. —上海：同济大学出版社，2024.6
 ISBN 978-7-5765-1136-9

Ⅰ. ①国… Ⅱ. ①上… Ⅲ. ①国土资源－分类－标准－中国 Ⅳ. ①F129.9-65

中国国家版本馆 CIP 数据核字(2024)第 082424 号

国土分类标准

上海市地质调查研究院　主编

责任编辑　朱　勇
责任校对　徐春莲
封面设计　陈益平

出版发行　同济大学出版社　www.tongjipress.com.cn
　　　　　(地址：上海市四平路1239号　邮编：200092　电话：021-65985622)

经　销　全国各地新华书店
印　刷　浦江求真印务有限公司
开　本　889mm×1194mm　1/32
印　张　3.625
字　数　91 000
版　次　2024年6月第1版
印　次　2024年6月第1次印刷
书　号　ISBN 978-7-5765-1136-9
定　价　40.00元

本书若有印装质量问题，请向本社发行部调换　　版权所有　侵权必究

上海市住房和城乡建设管理委员会文件

沪建标定〔2021〕850号

上海市住房和城乡建设管理委员会关于批准《国土分类标准》为上海市工程建设规范的通知

各有关单位：

　　由上海市地质调查研究院主编的《国土分类标准》，经我委审核，现批准为上海市工程建设规范，统一编号为DG/TJ 08—2391—2021，自2022年5月1日起实施。

　　本标准由上海市住房和城乡建设管理委员会负责管理，上海市地质调查研究院负责解释。

上海市住房和城乡建设管理委员会
2021年12月28日

前　言

根据上海市住房和城乡建设管理委员会《关于印发〈2019年上海市工程建设规范、建筑标准设计编制计划〉的通知》(沪建标定〔2018〕753号),由上海市规划和自然资源局提出,上海市地质调查研究院作为主编单位,会同上海市城市规划设计研究院、上海市规划编审中心、上海市测绘院等单位,经深入调查研究,总结实践经验,完成本标准编制。

本标准的主要内容有:总则;术语;一般规定;分类编码与名称;分类标注。

各有关单位及相关人员在执行本标准过程中,如有意见和建议,请反馈至上海市规划和自然资源局(地址:上海市北京西路99号;邮编:200003;E-mail:guihuaziyuanfagui@126.com),上海市地质调查研究院(地址:上海市灵石路930号;邮编:200072;E-mail:760114121@sina.com),上海市建筑建材业市场管理总站(地址:上海市小木桥路683号;邮编:200032;E-mail:shgcbz@163.com),以供今后修订时参考。

主 编 单 位: 上海市地质调查研究院

参 编 单 位: 上海市城市规划设计研究院

上海市规划编审中心

上海市测绘院

主要起草人: 黄　河　方国安　张洪武　佘安兴　顾　红

王寒梅　廖远琴　唐　杭　顾卫锋　王超领

殷　玮　周金龙　杨眺晕　陈晓岚　郭淑红

曹　琳　陶建伟　郑　燕　徐　玮　吴沅箐

张　玮　代　兵　范　华　高　魏　陈　波
马蓉华

主要审查人：方海兰　石忆邵　袁宝华　王克强　俞　静
徐贵泉　何　芳

上海市建筑建材业市场管理总站

目 次

1 总 则 ·· 1
2 术 语 ·· 2
3 一般规定 ·· 3
4 分类编码与名称 ··· 4
5 分类标注 ·· 39
本标准用词说明 ·· 42
条文说明 ··· 43

Contents

1 General provisions ··· 1
2 Terms ··· 2
3 Basic requirements ·· 3
4 Classification codes and names ································ 4
5 Sub-class annotation codes ···································· 39
Explanation of wording in this standard ······················ 42
Explanation of provisions ·· 43

1 总　则

1.0.1 为履行国土空间管理职责，促进国土空间科学保护、合理开发和有序利用，规范地上地下统筹、陆海统筹、城乡一体的上海市国土分类，制定本标准。

1.0.2 本标准规定了上海市用地分类、用海分类和地下空间分类，适用于上海市国土调查监测评价、国土空间规划、国土空间用途管制、国土空间利用、生态保护修复、自然资源资产管理、自然资源确权登记、信息化管理等工作。

1.0.3 上海市国土分类除应符合本标准外，尚应符合国家、行业和本市现行有关标准的规定。

2 术　语

2.0.1 地下空间　underground
　　指地表以下的空间。
2.0.2 地下工程　underground engineering
　　指利用地下空间开发建设的工程。
2.0.3 地下结建　underground combination-built
　　指结合地面建筑一同开发建设的地下工程。
2.0.4 地下单建　underground single-built
　　指独立于地面建筑单独开发建设的地下工程。
2.0.5 植被覆盖度　fraction of vegetation cover
　　指植被冠层或叶面在地面的垂直投影面积占植被区总面积的比例。
2.0.6 郁闭度　crown density
　　指单位面积上林冠覆盖地面面积与林地总面积之比值。
2.0.7 河流宽度　river width
　　指河流两岸堤防之间的宽度。

3 一般规定

3.0.1 国土分类应分为用地分类、用海分类和地下空间分类三类。其中,用地分类包含常规用地分类和补充用地分类。

3.0.2 国土分类一般应采用三级类体系。每一级分类均应采用数字、字母或二者组合的编码形式。

3.0.3 国土分类宜按需要进行类别细分。常规用地分类设13种一级类、55种二级类和103种三级类,其编码详见表4.0.1;用海分类设6种一级类和16种二级类,其编码详见表4.0.3;地下空间分类设10种一级类、26种二级类和25种三级类,其编码详见表4.0.4。

3.0.4 阶段性、过程性或变化性状态的用地,应采用补充用地分类。补充用地分类设5种一级类,可用于特定管理环节。补充用地分类编码及其使用限制详见表4.0.2。

3.0.5 用地分类、地下空间分类编码后,还可采用分类标注的方式进行区分。分类标注应采用两位字母编码,按第5章分类标注的规定选用。当存在多种分类标注同时适用时,应按类别标注表从前往后优先性递减的规则,仅使用最优先的标注。

3.0.6 用地分类、地下空间分类与分类标注应采用"分类+标注"的编码形式。如

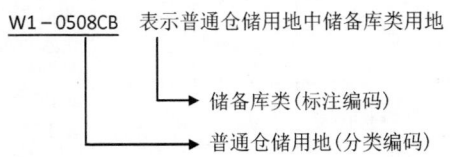

4 分类编码与名称

4.0.1 常规用地分类编码与名称应按表4.0.1执行。
4.0.2 补充用地分类编码与名称应按表4.0.2执行。
4.0.3 用海分类编码与名称应按表4.0.3执行。
4.0.4 地下空间分类编码与名称应按表4.0.4执行。

表4.0.1 常规用地分类

一级类		二级类		三级类		含义
编码	名称	编码	名称	编码	名称	
00	湿地					指陆地和水域的交汇处,水位接近或处于地表面,或浅层积水,且处于自然状态的土地
		N-0304	森林沼泽			指以乔木森林植物为优势群落的淡水沼泽
		E-1105	沿海滩涂			指沿海大潮高潮位与低潮位之间的潮侵地带,包括海岛的沿海滩涂,不包括已利用的滩地
		E-1106	内陆滩涂			指河流、湖泊常水位至洪水位间的滩地;时令湖、河洪水位以下的滩地;水库、坑塘的正常蓄水位与洪水位间的滩地,包括海岛的内陆滩地,不包括已利用的滩地

续表4.0.1

一级类		二级类		三级类		含义
编码	名称	编码	名称	编码	名称	
01	耕地					指利用地表耕作层种植农作物为主，每年种植一季及以上(含以一年一季以上的耕种方式种植多年生作物)的土地，包括熟地、新开发、复垦、整理地、休闲地(含轮歇地、休耕地)，以及间有零星果树、桑树或其他树木的耕地；包括宽度小于1.0m固定的沟、渠、路和田坎(埂)；包括直接利用地表耕作层种植的温室、大棚、地膜等保温、保湿设施用地
		N-0101	水田			指用于种植水稻、莲藕等水生农作物的耕地，包括实行水生、旱生农作物轮种的耕地
		N-0102	水浇地			指有水源保证和灌溉设施，在一般年景能正常灌溉，种植旱生农作物(含蔬菜)的耕地，包括种植蔬菜的非工厂化的大棚用地
		N-0103	旱地			指无灌溉设施，主要靠天然降水种植旱生农作物的耕地，包括没有灌溉设施、仅靠引洪淤灌的耕地
02	园地					指种植以采集果、叶、根、茎、汁等为主的集约经营的多年生作物，覆盖度大于50%或每亩株数大于合理株数70%的土地，包括用于育苗的土地

续表4.0.1

一级类		二级类		三级类		含义
编码	名称	编码	名称	编码	名称	
02	园地	N-0201	果园			指种植果树的园地
		N-0202	茶园			指种植茶树的园地
		N-0203	橡胶园			指种植橡胶树的园地
		N-0204	其他园地			指种植桑树、可可、咖啡、油棕、胡椒、药材等其他多年生作物的园地
03	林地					指生长乔木、竹类、灌木的土地。不包括生长林木的湿地,城镇、村庄范围内的绿化林木用地,铁路、公路征地范围内的林木,以及河流、沟渠的护堤林用地
		N-0301	乔木林地			指乔木郁闭度大于或等于0.2的林地,不包括森林沼泽
		N-0302	竹林地			指生长竹类植物,郁闭度大于或等于0.2的林地
		N-0305	灌木林地			指灌木覆盖度大于或等于40%的林地,不包括灌丛沼泽
		N-0307	其他林地			包括疏林地(指树木郁闭度大于或等于0.1且小于0.2的林地)、未成林地、迹地、苗圃等林地
04	草地					指生长草本植物为主的土地,包括乔木郁闭度小于0.1的疏林草地、灌木覆盖度小于40%的灌丛草地,不包括生长草本植物的湿地、盐碱地

续表4.0.1

一级类		二级类		三级类		含义
编码	名称	编码	名称	编码	名称	
04	草地	N-0403	人工牧草地			指人工种牧草的草地
		N-0404	其他草地			指树林郁闭度小于0.1、表层为土质、不用于放牧的草地
				N-040401	景观草地	指以造景为主要功能，种植人工养护草坪的土地
				N-040402	生产草地	指利用耕作层种植生产用于出售草皮的土地
				N-040403	荒草地	指表层为土质、自然生长杂草的土地
05	商业服务业用地					指商业、商务金融以及娱乐康体等设施用地，不包括农村社区服务设施用地和城镇社区服务设施用地
		05H1	商服用地			指主要用于零售、批发、餐饮、旅馆、商务金融、娱乐及其他商服的土地
				Rc2-0507	社区商业用地	指社区一级以日常生活消费为主的小型商业，包括室内菜场、社区食堂、家电维修店、家政服务店、便民农家店、小型超市、供销社等
				C21-0501	零售商业用地	指以零售功能为主的商铺、商场、超市、小商品市场、工业品市场、综合市场用地

续表4.0.1

一级类		二级类		三级类		含义
编码	名称	编码	名称	编码	名称	
05	商业服务业用地	05H1	商服用地	C21-0502	批发市场用地	指以批发功能为主的市场用地
				C21-0503	餐饮用地	指饭店、餐厅、酒吧等用地
				C22-0505	金融营业网点用地	指金融、保险、证券等营业网点用地
				C22-0507	市政营业网点用地	指通信、邮政、给水、燃气、供电、供热等公用设施营业网点，以及其维修、代理及相关服务等设施的用地
				C23-0506	娱乐用地	指各类娱乐设施用地，包括室内休闲、娱乐、保健、电影院等服务建筑及其附属设施用地，以及单独设置的休闲俱乐部，包括度假区内或绿化率小于65%的大型游乐设施用地等
				C23-0507	康体用地	指单独设置的高尔夫练习场、赛马场、溜冰场、跳伞场、摩托车场、射击场，以及水上运动的陆域部分等用地
				C24-0504	旅馆用地	指宾馆、招待所、度假村及其附属设施等用地
				C29-0507	其他商服用地	除以上设施之外的其他商业服务业用地

续表4.0.1

一级类		二级类		三级类		含义
编码	名称	编码	名称	编码	名称	
05	商业服务业用地	05H1	商服用地	C8-0505	商务办公用地	指除行政办公用地以外的银行、保险、证券、咨询等行业及其他各类办公建筑及其附属设施用地
				S91-0501	加油气站用地	指加油(气)站、充电站、换电站用地
		W-0508	仓储物流用地			指仓储企业的库房、堆场和物流企业的配载、分装车间、运输及其附属设施等用地
				W1-0508	普通仓储用地	指以库房建筑为主、储存一般货物的普通仓库用地
				W2-0508	危险品仓储用地	指存放易燃、易爆或剧毒等危险品的专用仓库用地
				W3-0508	堆场用地	指以露天堆放货物为主的用地,包括集装箱堆场等
				W4-0508	物流用地	指货物运输、分装、商贸类的物流中心、货物配载场等用地
06	工矿用地					指工业用地、采矿用地
		M-0601	工业用地			指工业生产、产品加工制造、机械和设备修理及直接为工业生产等服务的附属设施用地,包括工业企业的生产车间、库房及其附属设施用地

续表4.0.1

一级类		二级类		三级类		含义
编码	名称	编码	名称	编码	名称	
06	工矿用地	M-0601	工业用地	M1-0601	一类工业用地	指对周边地区环境基本无干扰、污染和安全隐患的工业用地
				M2-0601	二类工业用地	指对周边地区环境有一定干扰、污染和安全隐患的工业用地
				M3-0601	三类工业用地	指对周边地区环境有严重干扰、污染和安全隐患的工业用地
				M4-0601	工业研发用地	指各类产品及其技术的研发、中试等设施用地
		0602	采矿用地			指采矿、采石、采砂（沙）场、砖瓦窑等地面生产用地，排土（石）及尾矿堆放地
07	居住用地					指城乡住宅用地及其居住生活配套的社区服务设施用地
		0701	城镇住宅用地			指用于城镇生活居住功能的各类住宅建筑用地及其附属设施用地
				Rr1-0701	一类住宅组团用地	指以低层住宅为主的住宅组团用地。低层住宅一般是指建筑高度不超过10 m、一层至三层的住宅建筑

续表4.0.1

一级类		二级类		三级类		含义
编码	名称	编码	名称	编码	名称	
07	居住用地	0701	城镇住宅用地	Rr2-0701	二类住宅组团用地	指以多层住宅为主的住宅组团用地。多层住宅一般是指建筑高度大于10 m但小于或等于27 m、四层至九层的住宅建筑
				Rr3-0701	三类住宅组团用地	指以高层住宅为主的住宅组团用地。高层住宅一般是指高度超过27 m、九层以上(不含九层)的住宅建筑
				Rr4-0701	四类住宅组团用地	指以独立地段供职工或学生居住的宿舍或单身公寓、人才公寓、公共租赁房、全持有的市场化租赁住房等住宅组团用地
				Rr5-0701	五类住宅组团用地	指配套设施较欠缺、环境较差,以需要加以改造的简陋住宅为主的住宅建筑用地及其附属道路、附属绿地、停车场等用地,包括危房、棚户区、临时住宅等用地
		0702	农村宅基地			指农村村民用于建造住宅及其生活附属设施的土地,包括住房、附属用房等用地
				Rr1-0702	一类农村宅基地	指农村用于建造独户住房的土地
				Rr2-0702	二类农村宅基地	指农村用于建造集中住房的土地

续表4.0.1

一级类		二级类		三级类		含义
编码	名称	编码	名称	编码	名称	
08	公共管理与公共服务用地					指用于机关团体、新闻出版、科教文卫、公用设施的土地
		08H1	机关团体新闻出版用地			指用于机关团体、新闻出版的土地
				Rc1-0801	社区行政管理用地	指社区一级街道办事处（镇政府）、派出所、城市管理监督、税务、工商、房管办、社区事务受理中心、社区服务中心、居民委员会、村民委员会等用地
				C1-0801	行政办公用地	除社区一级以外的各级党政机关、社会团体、事业单位等机构及其设施用地
				C31-0802	新闻出版用地	指通讯社、报社和出版社等用地
		08H2	科教文卫用地			指科教、文化、卫生和社区福利用地
				Rc3-0807	社区文化用地	指社区一级文化活动中心、青少年活动中心用地，以及农村文化活动室、综合礼堂、宗祠等用地
				Rc4-0808	社区体育用地	指社区一级健身馆、游泳池(馆)、球场以及农村健身点等用地
				Rc5-0805	社区医疗卫生用地	指社区一级卫生服务中心、农村卫生服务站、卫生服务站等用地

续表4.0.1

一级类		二级类		三级类		含义
编码	名称	编码	名称	编码	名称	
08	公共管理与公共服务用地	08H2	科教文卫用地	Rc6-0806	社区福利用地	指社区一级养老院、老年人日间照料中心、工疗康体服务中心、老年活动室等用地
				Rc9	其他社区设施用地	除以上设施之外的其他社区一级设施用地
				C32-0807	文化艺术团体用地	指文化艺术团体等用地
				C33-0802	广播电视用地	指广播电台、电视台、电影厂等设施及其附属设施用地
				C34-0807	图书展览用地	指公共图书馆、会展中心、展览馆、博物馆、科技馆、纪念馆和美术馆等展览设施及其附属设施用地
				C35-0807	演艺设施用地	指各类剧场、音乐厅、杂技场等演出场所用地
				C36-0807	文化活动设施用地	除社区一级以外的综合文化中心、文化宫、青少年宫、儿童活动中心、老年活动中心等设施用地
				C41-0808	体育场馆用地	除社区一级以外的室内外体育场馆用地，如综合健身场馆、体育场馆、游泳池(馆)、各类球场等,不包含学校等单位内部配套建设的体育设施用地

续表4.0.1

一级类		二级类		三级类		含义
编码	名称	编码	名称	编码	名称	
08	公共管理与公共服务用地	08H2	科教文卫用地	C42-0808	体育训练用地	除社区一级以外的为各类体育运动专设的训练基地用地
				C51-0805	综合医院用地	指科室齐全、有一定规模的综合性医院用地
				C52-0805	专科医院用地	指各类专科医院用地，如妇幼保健院、儿童医院、精神病院、肿瘤医院和传染病医院等用地
				C53-0805	公共卫生设施用地	指疾病预防控制机构、急救中心、血库等用地
				C54-0805	其他医疗卫生用地	除综合医院、专科医院和公共卫生设施用地以外的其他医疗卫生设施用地，包括疗养院、护理院等用地
				C91-0806	养老设施用地	除社区一级福利用地之外的养老院等养老设施用地
				C92-0806	其他福利设施用地	除社区一级福利用地之外的福利院、孤儿院等福利设施用地
				C99	其他公共设施用地	除以上设施以外的其他公共设施用地
				C62-0803	中等专业学校用地	指高中阶段职业教育的普通中专、职业高中和技工学校等用地，不包括附属于普通中学内的职业高中用地

续表4.0.1

一级类		二级类		三级类		含义
编码	名称	编码	名称	编码	名称	
08	公共管理与公共服务用地	08H2	科教文卫用地	C63-0803	成人与业余学校用地	指电大、夜大、教育学院、党校、干校、业余学校、培训中心等用地
				C64-0803	特殊学校用地	指聋、盲、哑人学校及工读学校等用地
				C65-0804	科研设计用地	指科学研究、勘测设计、观察测试、科技信息、科技咨询等机构用地,以及各类产品及其技术的研发、中试等设施用地,不包括附设于其他单位内的研究室和设计室等用地
				Rs1-0803	完全中学用地	指完全中学用地
				Rs2-0803	高级中学用地	指高级中学用地
				Rs3-0803	初级中学用地	指初级中学用地
				Rs4-0803	小学用地	指小学用地
				Rs5-0803	九年制学校用地	指九年制学校用地
				Rs6-0803	幼托用地	指幼儿园、幼托中心等幼托用地
				C69-0803	其他学校用地	除上述以外的学校,如国际学校等用地

续表4.0.1

一级类		二级类		三级类		含义
编码	名称	编码	名称	编码	名称	
08	公共管理与公共服务用地	08H2A	高教用地			指大学、学院、专科学校和独立地段研究生院等用地，包括军事院校用地
				C61-08H2A	高等学校用地	指大学、学院、专科学校和独立地段研究生院等用地，包括军事院校用地
		0809	公用设施用地			指供水、供电、供燃气和供热等公用设施用地
				U11-0809	供水用地	指水厂及其附属建构物、原水与供水泵站（水库）、管渠及相关设施，供水采灌井、养护工区、营业站点等用地
				U12-0809	供电用地	指电站所、高压塔基等用地，不包括电厂用地（该用地归入工业用地），高压走廊下规定控制范围内用地应按地面实际用途认定
				U13-0809	供燃气用地	指储气站、调压站、罐装站和地面输气管廊等用地，不包括燃气生产处理用地（该用地归入工业用地）
				U14-0809	供热用地	指大型锅炉房、调压站、调温站和地面输热管廊等用地

续表4.0.1

一级类		二级类		三级类		含义
编码	名称	编码	名称	编码	名称	
08	公共管理与公共服务用地	0809	公用设施用地	U2-0809	邮电通信设施用地	指邮政、电话、广播电视转播台或差转台与通信发射和接收等设施用地
				U31-0809	雨水污水处理用地	指雨水、污水泵站、排渍站、合流泵站、污水处理厂、污水处理用地、专用排水管廊（管渠）及相关设施用地，初期雨水调蓄处理设施、雨水利用设施、再生水处理设施等，不包括排水河渠用地
				U32-0809	粪便垃圾处理用地	指粪便垃圾的收集、转运、堆放、处理等设施用地
				U33-0809	其他环卫用地	除以上用地之外的其他环卫设施用地，如公厕用地
				U4-0809	施工与维修设施用地	指房屋建筑、设备安装、市政工程、绿化和地下构筑物等施工及养护维修设施用地
				U6-0809	消防设施用地	指消防站、消防通信及指挥训练中心等设施用地
				U9-0809	其他市政设施用地	除以上设施之外的其他设施用地，包括防洪除涝、防汛应急、水文观测等设施用地

续表4.0.1

一级类		二级类		三级类		含义
编码	名称	编码	名称	编码	名称	
08	公共管理与公共服务用地	0810	公园与绿地			指各类公园和具有休憩、景观、隔离、卫生和安全防护等用地
				G11-0810	公园用地	指综合性公园、纪念性公园、儿童公园、动物园、植物园和古典园林等用地
				G12-0810	街头绿地	指沿道路、河湖、海岸等,具有休憩和景观功能绿化用地
				G2-0810	防护绿地	指用于隔离、卫生和安全防护的绿地
		0810A	广场用地			指以游憩、健身、纪念、集会、避险和交通集散等功能为主的公共活动场地
				S51-0810A	交通广场用地	指以交通集散等为主的广场用地
				S52-0810A	游憩集会广场用地	指以游憩、纪念和集会等为主的广场用地
09	特殊用地					指特殊性质用地
		D1-0901	军事用地			指直接用于军事目的的军事设施用地,含指挥机关、营区、训练场、试验场、军用机场、港口、码头、军用洞库、仓库、军用通信、侦察、导航、观测台站等用地,不包括部队家属生活区用地

续表4.0.1

一级类		二级类		三级类		含义
编码	名称	编码	名称	编码	名称	
09	特殊用地	D2-0902	外事用地			指用于外国政府及国际组织驻华使馆、领事馆、办事处及其生活设施等用地
		D3-0903	监教用地			指监狱、拘留所、劳改场所和安全保卫部门等用地,不包括公安局和公安分局,该用地应归入公共设施用地的机关团体用地
		C93-0904	宗教用地			指专门用于宗教活动的庙宇、寺院、道观、教堂等宗教自用地
		U5-0905	殡葬设施用地			指殡仪馆、火葬场、骨灰存放处、陵园、墓地等设施用地
		0906	自然风景名胜设施用地			指风景名胜景点(包括旅游景点、自然保护区、森林公园、地质公园、湿地公园、郊野公园等)的管理机构,以及旅游服务设施的建筑用地
		C7-0906	文物古迹用地			指具有保护价值的古遗迹、古墓葬、古建筑、革命遗址等用地,不包括已作其他用途的文物古迹用地,该用地应分别归入相应的用地类别
		0907	其他特殊用地			指除以上之外的特殊建设用地,包括边境口岸等的管理与服务设施用地

续表4.0.1

一级类		二级类		三级类		含义
编码	名称	编码	名称	编码	名称	
10	交通运输用地					指用于运输通行的地面线路、场站等用地,包括民用机场、汽车客货运场站、港口、码头、地面运输管道和各类道路及轨道交通用地
		1001	铁路用地			指铁路编组站、轨道线路(含城际轨道)等用地
				T1-1001	铁路用地	指城市对外交通运输的铁路站场和线路用地,包括征地范围内路堤、路堑、道沟、桥梁、林木等用地
		1002	轨道交通用地			指城市轨道交通在地面以上独立的线路及车站用地
				S2-1002	轨道站线用地	指轻轨、现代有轨电车、单轨等轨道交通在地面以上独立的线路及车站用地
		1003	公路用地			指高速公路和一、二、三级公路线路用地。包括征地范围内的路堤、路堑、道沟、桥梁、汽车停靠站、林木及直接为其服务的附属用地,不包括城镇、村庄范围内部公用道路用地

续表4.0.1

一级类		二级类		三级类		含义
编码	名称	编码	名称	编码	名称	
10	交通运输用地	1003	公路用地	T21-1003	公路用地	指高速公路和一、二、三级公路线路用地。包括征地范围内的路堤、路堑、道沟、桥梁、汽车停靠站、林木及直接为其服务的附属用地,不包括城镇、村庄范围内部公用道路用地
		1004	城镇村道路用地			指城镇、村庄范围内共用道路及其行道树用地,包括快速路、主干路、次干路、支路、专用人行道和非机动车道,及其交叉口等用地
				S11-1004	城镇道路用地	指公用道路及行道树用地,包括快速路、主干路、次干路、支路、专用人行道和非机动车道,及其交叉口等用地
				S12-1004	街巷用地	指不纳入道路红线控制的街坊内部通道
				S13-1004	乡村道路用地	指宽度大于8 m但又不纳入道路红线控制的道路用地
		1005	交通服务场站用地			指为各类城市交通提供服务的用地
				T22-1005	公路长途客运场站用地	指公路长途客运站用地

续表4.0.1

一级类		二级类		三级类		含义
编码	名称	编码	名称	编码	名称	
10	交通运输用地	1005	交通服务场站用地	S31-1005	机动车停车场用地	指公共使用的机动车停车场（库）用地，不包含其他各类用地附属配套的停车场（库）用地
				S32-1005	非机动车停车场用地	指公共使用的非机动车停车场（库）用地，不包含其他各类用地附属配套的停车场（库）用地
				S4-1005	交通场站用地	静态交通设施用地，不包括交通指挥中心、交通队用地，以及多种交通方式综合换乘的用地
				S6-1005	综合交通枢纽用地	指多种交通方式、多条线路集散换乘的、具有综合功能的枢纽站点用地
				S92-1005	其他交通设施用地	指除以上设施之外的交通设施用地，包括汽车维修站、教练场等
		1006	农村道路			指在农村范围内宽度大于或等于1 m且小于8 m，用于村间、田间交通运输，并在国家公路网络体系之外，以服务于农村农业生产为主要用途的道路（含机耕道）
				N-100601	村道用地	指在农村范围内，乡道及乡道以上公路以外，用于村间、田间交通运输，服务于农村生活生产的对地表耕作层造成破坏的硬化型道路（含机耕道），不包括村庄内部道路用地和田间道

续表4.0.1

一级类		二级类		三级类		含义
编码	名称	编码	名称	编码	名称	
10	交通运输用地	1006	农村道路	N-100602	田间道	指在农村范围内,用于田间交通运输,为农业生产、农村生活服务的未对地表耕作层造成破坏的非硬化道路
		1007	机场用地			指民用及军民合用的机场用地,包括飞行区、航站区等用地,不包括净空控制范围用地
				T5-1007	机场用地	指民用及军民合用的机场用地,包括飞行区、航站区等用地,不包括净空控制范围用地
		1008	港口码头用地			指河港、海港的陆域部分用于人工修建的客运、货运、捕捞及工程、工作船舶停靠的场所及其附属建筑物的用地,包括码头作业区、辅助生产区和客运站等,不包括常水位以下部分
				T4-1008	港口码头用地	指河港、海港的陆域部分用于人工修建的客运、货运、捕捞及工程、工作船舶停靠的场所及其附属建筑物的用地,包括码头作业区、辅助生产区和客运站等,不包括常水位以下部分
		1009	管道运输用地			指运输煤炭、石油和天然气等地面管道运输用地

续表4.0.1

一级类		二级类		三级类		含义
编码	名称	编码	名称	编码	名称	
10	交通运输用地	1009	管道运输用地	T3-1009	管道运输用地	指运输煤炭、石油和天然气等地面管道运输用地
11	水域及水利设施用地					指陆域内的河流、湖泊等天然陆地水域,以及水库、坑塘水面等人工陆地水域
		E-1101	河流水面			指天然形成或人工开挖河流常水位岸线之间的水面,不包括被堤坝拦截后形成的水库区段水面
		E-1102	湖泊水面			指天然形成的积水区常水位岸线所围成的水面
		E-1103	水库水面			指人工拦截汇积而成的总设计库容大于或等于10万 m^2 的水库正常蓄水位岸线所围成的水面
		E-1104	坑塘水面			指人工开挖或天然形成的蓄水量小于10万 m^2 的坑塘常水位岸线所围成的水面
				E-1104A	养殖坑塘	指用于水产养殖(养鱼、虾、蟹、鳖等)的坑塘水面及相应附属设施用地
		N-1107	沟渠			指人工修建,宽度大于或等于1 m,用于引、排、灌的渠道,包括渠槽、渠堤、护堤林及小型泵站

续表4.0.1

一级类		二级类		三级类		含义
编码	名称	编码	名称	编码	名称	
11	水域及水利设施用地	N-1107	沟渠	N-1107A	干渠	指农田水利用地以外的，人工修建的从水源地直接引水或调水，用于工农业生产、生活或水生态调节的大型渠道，干渠一般要求平均面宽不小于6m
		1109	水工建筑用地			指人工修建的闸、坝、堤路林、水电厂房、扬水站等常水位岸线以上的建(构)筑物用地
12	其他土地					指上述类型外的空闲地、农转用预留地、设施农业用地、滩涂、裸地等
		1201	空闲地			指城镇、村庄范围内尚未使用的建设用地
		1208	农转用预留地			指完成了农转用手续，还没有明确建设内容的用地
		N-1202	设施农业用地			指直接用于经营性畜禽养殖、作物栽培或水产养殖等农产品生产的设施用地，直接用于设施农业项目辅助生产的设施用地，以及从事规模化粮食生产所必需的配套设施用地
				N-120201	种植设施用地	指对地表耕作层造成破坏的，工厂化作物生产和为生产服务的看护房，农资农机具存放场所等，以及与生产直接关联的烘干晾晒、分拣包装、保鲜存储等设施用地，不包括直接利用地表种植的大棚、地膜等保温、保湿设施用地

续表4.0.1

一级类		二级类		三级类		含义
编码	名称	编码	名称	编码	名称	
12	其他土地	N-1202	设施农业用地	N-120202	畜禽养殖设施用地	指对地表耕作层造成破坏的，经营性畜禽养殖生产及直接关联的圈舍、废弃物处理、检验检疫等设施用地，不包括屠宰和肉类加工场所用地等
				N-120203	水产养殖设施用地	指对地表耕作层造成破坏的，工厂化水产养殖生产及直接关联的硬化养殖池、看护房、粪污处置、检验检疫等设施用地
				N-120204	林地管护设施用地	指直接用于林业管理养护的道班室、管理用房、物资储备库、微型消防站、泵房、枝条粉碎场和配套场地等设施用地
		E-1206	裸土地			指表层为土质、植被覆盖度小于或等于5%的土地，不包括滩涂中的泥滩
		E-1207	裸岩石砾地			指表层为岩石或石砾、覆盖面积大于或等于70%的土地，不包括沿海滩涂及内陆滩涂中的石滩

表 4.0.2 补充用地分类

一级类 编码	一级类 名称	含义	使用限制
B-30	堆推土用地	指因工程建设、土地整治、河道清淤、物资倾卸丢弃等临时放置土方、渣土、垃圾、固体废弃物等的用地,及其因以上原因导致压实、推平,需使用工程措施实施清障后才能利用的土地	用于国土调查监测、执法
B-31	拆除未尽用地	指因原建(构)筑物设施拆除清理不彻底,暂时无法使用的土地	用于国土调查监测、执法
B-32	临时用地	指建设项目施工、地质勘查等临时使用且不修建永久性建(构)筑物、使用后恢复原状并交还土地所有权人或使用权人,经规划资源部门依法批准使用的土地	用于临时用地审批管理及国土专项调查监测、执法
B-33	留白用地	指国土空间规划确定的城镇、村庄范围内暂未明确规划用途,规划期内不开发或特定条件下开发的用地	用于国土空间规划编制
B-34	综合用地	指在国土空间规划确定的具有一定管理弹性的用地,可以包含相互间没有不利影响的两类或两类以上功能用途。综合用地宜设置在区位条件优越、发展潜力巨大的区域内的核心地块	用于国土空间规划编制及规划用地性质管理

表 4.0.3 用海分类

一级类 编码	一级类 名称	二级类 编码	二级类 名称	三级类 编码	三级类 名称	含义
18	渔业用海					指为开发利用渔业资源、开展海洋渔业生产所使用的海域及无居民海岛
		1801	渔业基础设施用海			指用于渔船停靠、进行装卸作业和避风,以及用以繁殖重要苗种的海域,包括渔业码头、引

续表4.0.3

一级类		二级类		三级类		含义
编码	名称	编码	名称	编码	名称	
18	渔业用海	1801	渔业基础设施用海			桥、堤坝、渔港港池（含开敞式码头前沿船舶靠泊和回旋水域）、渔港航道及其附属设施使用的海域及无居民海岛
		1802	增养殖用海			指用于养殖生产或通过构筑人工鱼礁等进行增养殖生产的海域及无居民海岛
		1803	捕捞海域			指开展适度捕捞的海域
19	工矿通信用海					指开展临海工业生产、海底电缆管道建设和矿产能源开发所使用的海域及无居民海岛
		1901	工业用海			指开展海水综合利用、船舶制造修理、海产品加工等临海工业所使用的海域及无居民海岛
		1902	盐田用海			指用于盐业生产的海域，包括盐田取排水口、蓄水池等所使用的海域及无居民海岛
		1903	固体矿产用海			指开采海砂及其他固体矿产资源的海域及无居民海岛
		1904	油气用海			指开采油气资源的海域及无居民海岛
		1905	可再生能源用海			指开展海上风电、潮流能、波浪能等可再生能源利用的海域及无居民海岛

续表4.0.3

一级类		二级类		三级类		含义
编码	名称	编码	名称	编码	名称	
19	工矿通信用海	1906	海底电缆管道用海			指用于埋(架)设海底通信光(电)缆、电力电缆、输水管道及输送其他物质的管状设施所使用的海域
20	交通运输用海					指用于港口、航运、路桥等交通建设的海域及无居民海岛
		2001	港口用海			指供船舶停靠、进行装卸作业、避风和调动的海域,包括港口码头、引桥、平台、港池、堤坝及堆场等所使用的海域及无居民海岛
		2002	航运用海			指供船只航行、候潮、待泊、联检、避风及进行水上过驳作业的海域
		2003	路桥隧道用海			指用于建设连陆、连岛等路桥工程及海底隧道海域,包括跨海桥梁、跨海和顺岸道路、海底隧道等及其附属设施所使用的海域及无居民海岛
21	游憩用海					指开发利用滨海和海上旅游资源,开展海上娱乐活动的海域及无居民海岛
		2101	风景旅游用海			指开发利用滨海和海上旅游资源的海域及无居民海岛

29

续表4.0.3

一级类		二级类		三级类		含义
编码	名称	编码	名称	编码	名称	
21	游憩用海	2102	文体休闲娱乐用海			指旅游景区开发和海上文体娱乐活动场建设的海域,包括海上浴场、游乐场及游乐设施使用的海域及无居民海岛
22	特殊用海					指用于科研教学、军事及海岸防护工程、倾倒排污等用途的海域及无居民海岛
		2201	军事用海			指建设军事设施和开展军事活动的海域及无居民海岛
		2202	其他特殊用海			指除军事用海以外,用于科研教学、海岸防护、排污倾倒等的海域及无居民海岛
23	天然海域					指无3个月以上持续排他性用海活动的海域

表4.0.4 地下空间分类

一级类		二级类		三级类		含义
编码	名称	编码	名称	编码	名称	
DX08	地下公共管理与公共服务空间					指位于地下的机关团体、科研、文化、体育、医疗卫生等机构和设施使用的空间
		DX0801	地下机关团体空间			指位于地下的党政机关、人民团体及其相关直属机构、派出机构和直属事业单位的办公及附属设施使用的空间

续表4.0.4

一级类		二级类		三级类		含义
编码	名称	编码	名称	编码	名称	
DX08	地下公共管理与公共服务空间	DX0802	地下科研空间			指位于地下的专门从事科学研究、勘测设计、观察测试、科技咨询活动的机构使用的空间,包括地下试验站(室)、监测站等
		DX0803	地下文化空间			指位于地下的文化宫、图书馆、社区活动中心、音乐厅、剧院、博物馆等公共文化活动设施使用的空间
		DX0805	地下体育空间			指位于地下的体育场馆和体育训练场馆设施使用的空间
				DX080501	地下体育场馆空间	指位于地下的体育运动场馆,包含为各类体育运动专设的训练场馆使用的空间,如地下体育场、游泳馆、球场、运动场、健身点等
				DX080502	地下体育训练空间	指位于地下的为体育运动专设的训练场馆设施使用的空间
		DX0806	地下医疗卫生空间			指位于地下的医疗、公共卫生、康复护理和急救等设施使用的空间
				DX080601	地下综合医院空间	指位于地下的提供全科或主要综合科目医疗服务的医疗机构使用的空间

续表4.0.4

一级类		二级类		三级类		含义
编码	名称	编码	名称	编码	名称	
DX08	地下公共管理与公共服务空间	DX0806	地下医疗卫生空间	DX080602	地下专科医院空间	指位于地下的指提供专一病种、专门治疗方法等专门方式的，或专属病患人群为服务对象的医疗机构及其附属设施使用的空间
				DX080603	地下公共卫生空间	指位于地下的疾病预防控制、急救康复保健、血库等使用的空间
				DX080605	其他医疗卫生用地	指位于地下的除以上设施之外的其他医疗卫生设施用地，包括疗养院、护理院等
		DX0808	地下其他公共设施空间			指位于地下的除以上用地以外的公共设施用地
DX09	地下商业服务业空间					指位于地下的以营利为目的、开展商品交易或服务体验的场所
		DX0901	地下商业空间			指位于地下的以商品贸易、餐饮旅馆为主的设施使用的空间
				DX090101	地下零售商业空间	指位于地下的以商品零售为主的商场、超市、市场等使用的空间
				DX090103	地下餐饮空间	指位于地下的饭店、餐厅、美食城等使用的空间

续表4.0.4

一级类		二级类		三级类		含义
编码	名称	编码	名称	编码	名称	
DX09	地下商业服务业空间	DX0902	地下商务办公空间			指位于地下的企业、集团、公司等管理、调度、指挥、决策、策划等办公空间
		DX0903	地下金融会展空间			指位于地下的提供金融服务的设施使用的空间
				DX090301	金融保险用地	指位于地下的银行、证券、期货、保险等金融服务设施使用的空间
		DX0906	地下会展空间			指位于地下承办商业会展活动的设施使用的空间
				DX090601	会务展览用地	指位于地下的提供会议、展览服务的设施使用的空间
		DX0904	地下娱乐康体空间			指位于地下的提供娱乐、康体服务的设施使用的空间
				DX090401	地下娱乐空间	指位于地下的娱乐服务设施使用的空间，包括地下歌舞厅、网吧以及小型剧院、电影院、音乐厅等
				DX090402	地下康体空间	指位于地下的康体服务设施使用的空间，包括地下溜冰场、射击场等
		DX0905	地下其他商业服务业空间			指位于地下的除以上之外的商业服务业设施使用的空间

续表4.0.4

一级类		二级类		三级类		含义
编码	名称	编码	名称	编码	名称	
DX11	地下工矿仓储空间					指位于地下的用于工业生产、工业研发、物流仓储设施使用的空间
		DX1101	地下工业空间			指位于地下的工业企业的生产车间、库房及其附属设施等使用的空间
				DX110101	一类地下工业空间	指对周边地区环境基本无干扰、污染和安全隐患的地下工业空间
				DX110102	二类地下工业空间	指对周边地区环境有一定干扰、污染和安全隐患的工业用地
				DX110103	三类地下工业空间	指对周边地区环境有严重干扰、污染和安全隐患的工业用地
		DX1102	地下工业研发空间			指位于地下的各类工业产品及技术的研发、中试等设施使用的空间
		DX1103	地下物流仓储空间			指位于地下的仓储企业的库房、堆场和物流企业的配载、分装、运输及其附属设施等用地
				DX110301	地下普通仓储空间	指位于地下的以库房为主的储存一般货物的普通仓库使用的空间
				DX110302	地下物流空间	指包括货物运输、分装、商贸类的物流中心以及物流通道等使用的空间

续表4.0.4

一级类		二级类		三级类		含义
编码	名称	编码	名称	编码	名称	
DX12	地下交通运输空间					指位于地下的轨道交通设施、车行与人行通道、地下交通场站、地下停车设施等使用的空间
		DX1204	地下车行通道空间			指位于地下的用于车辆通行的通道使用的空间,包括水下隧道、地下立交、地下道路等
		DX1206	地下管道运输空间			指位于地下的运输煤炭、矿石、石油、天然气等管道及其相应附属设施使用的空间
		DX1210	地下人行通道空间			指位于地下的人行通道及其配套设施使用的空间
		DX1209	地下综合交通枢纽空间			指位于地下的多种交通方式、多条线路集散换乘的、具有综合功能的枢纽站点使用的空间
		DX1208	地下公共交通场站空间			指位于地下的公共交通场站使用的空间,包括公共交通地下首末站与枢纽站等
		DX1211	地下停车场(站)空间			指位于地下的公共使用的机动车停车场(库)使用的空间
				DX121101	地下机动车停车场空间	指位于地下的公共使用的机动车停车场(库)使用的空间
				DX121102	地下非机动车停车场空间	指位于地下的公共使用的非机动车停车场(库)使用的空间

续表4.0.4

一级类		二级类		三级类		含义
编码	名称	编码	名称	编码	名称	
DX13	地下市政设施空间					指位于地下的供应、环境、安全等设施使用的空间
		DX1301	地下供应设施空间			指位于地下的供水、供电、供燃气和供热等设施使用的空间
				DX130101	地下供水设施空间	指位于地下的供水设施使用的空间，包括地下自来水加压站及其附属设施
				DX130102	地下供电设施空间	指位于地下的供电设施使用的空间，包括地下变电站等
				DX130103	地下供燃气设施空间	指位于地下的供燃气设施使用的空间。包括调压站、分输站、门站、储气站、加气母站、液化石油气储配站、灌瓶站等
				DX130104	地下供热设施空间	指位于地下的供热设施使用的空间，包括热力站、换热站和输热管廊等
		DX1302	地下环境卫生设施空间			指位于地下的雨水、污水、固体废弃物处置和环境保护等设施的空间
				DX130201	地下雨水、污水处理设施空间	指位于地下的雨水、污水处理设施使用的空间。包括雨水/污水泵站、排渍站、合流泵站、专用排水管廊(管渠)及相关设施的空间，初期雨水调蓄及处理设施、雨水利用设施、再生水处理设施等，不含与其他市政管线混合设置的雨水、污水管道

续表4.0.4

一级类		二级类		三级类		含义
编码	名称	编码	名称	编码	名称	
DX13	地下市政设施空间			DX130202	地下粪便垃圾处理设施空间	指位于地下的粪便、垃圾的收集、转运、堆放、处理等设施使用的空间,包括垃圾转运站、危险品处置、环卫设备储放等的设施和场所用地
		DX1303	地下市政管线空间			指位于地下的各类市政管线使用的空间,包括电力管线、通信管线、燃气配气管线、再生水管线、给水配水管线、热力管线、燃气输气管线、给水输水管线、污水管线、雨水管线、垃圾输送管道等
		DX1314	地下市政管廊空间			指位于地下的统筹设置市政管线廊道使用的空间,包括电缆隧道等专业管廊、综合管廊和其他市政管沟
		DX1315	地下施工与维修设施空间			指位于地下的房屋维修工程、设备安装工程、市政工程、绿化、地下构筑物等施工及养护维修设施使用的空间
		DX1399	地下其他市政设施空间			指位于地下的除以上之外的市政公用设施使用的空间
DX14	地下广场					指位于地下的不包含在独立功能地块内,以硬化广场为主的公共活动开敞空间

续表4.0.4

一级类		二级类		三级类		含义
编码	名称	编码	名称	编码	名称	
DX25	地下人民防空空间					指位于地下的通信指挥工程、医疗救护工程、防空专业队工程、人员掩蔽工程等设施使用的空间
DX26	地下基础空间					指位于地下的建筑基础使用的空间，包括独立基础、条形基础、筏形基础、箱形基础、桩基基础等
DX27	其他地下设施空间					指除以上之外的已开发的地下设施使用的空间
DX28	其他地下空间					指尚未开发利用的地下空间

5 分类标注

5.0.1 分类标注编码应按表 5.0.1 执行。

表 5.0.1 分类标注

标注对象		标注内容	
编码、名称	标注编码	标注名称	含义
01 耕地	LS	种植粮食作物	指种植水稻、小麦等粮食作物的耕地
	FL	种植非粮食作物	指种植蔬菜、油菜等非粮食作物的耕地
	LZ	粮与非粮轮作	指粮食作物和非粮食作物轮种、间种和套种的耕地
	WG	未耕种	指可直接恢复耕种的无种植行为的耕地（包括轮歇地）
N-0201 果园	MB	木本类	在种植果树的园地
N-0204 其他园地	MB	木本类	指种植桑树、可可、咖啡、油棕、胡椒、药材等其他多年生作物的园地
N-1107 沟渠	BF	小型泵房	指直接为农业生产服务的建筑占地面积不超过 40 m² 的小型灌溉泵房，以及建筑占地面积不超过 60 m² 的小型排涝泵房
Rr2-0701 二类住宅组团用地 Rr3-0701 三类住宅组团用地	BZ	保障性住房类	指包含共有产权保障住房、公共租赁住房、廉租住房等保障性住房的住宅用地
	SS	职工宿舍类	指位于独立地段以提供职工或学生居住的宿舍为主的住宅用地

续表5.0.1

标注对象	标注内容		
编码、名称	标注编码	标注名称	含义
Rr2-0702 二类农村住宅用地	JZ	集体租赁房类	指以农村集体建设用地上建设的公共租赁住房为主的住宅用地
Rc 社区级服务设施用地	CZ	城镇社区类	指位于城镇地区,为城镇居住生活配套的社区级服务设施用地
	NS	农村社区类	指位于农村地区,为农村居住生活配套的社区级服务设施用地
05 商业服务业用地	LY	乡村旅游类	指以乡村独特自然地理文化资源为依托,就地提供文旅体验等商业服务的设施用地
M-0601 工业用地	TS	乡村特色类	指以乡村就地产生的物资为原材料或利用独特地理资源进行生产加工的设施用地
	XM	产业项目类	指《上海产业用地指南(2019年版)》中涵盖的工业用地产业项目类型用地,包括农副食品加工业、食品制造业、酒/饮料和精制茶制造业、烟草制品业、纺织业等产业项目用地
	CF	标准厂房类	指《上海产业用地指南(2019年版)》中涵盖的工业用地标准厂房类型用地。通常指规定区域内统一规划,为中小工业企业集聚、发展和外来工业投资项目提供生产经营场所的发展平台用地

续表5.0.1

标注对象	标注内容		
编码、名称	标注编码	标注名称	含义
M4-0601 设计研发用地	CY	研发总部产业类	指《上海产业用地指南（2019年版）》中涵盖的工业用地研发总部产业类型用地。通常指与制造业务密切相关的各类研发类型项目用地
	TY	研发总部通用类	指《上海产业用地指南（2019年版）》中涵盖的工业用地研发总部通用类用地。通常指研发总部产业类以外的设计研发用地
W-05 物流仓储用地	CB	储备库类	指国家和省级战略性储备库
	KF	一般库房类	指除国家和省级战略性储备库以外，以库房方式进行物资存储、中转、配送等设施用地
	DC	堆场类	指以露天堆场方式进行物资存储、中转、配送等用地
E-1101 河流水面	HD	河道水面	指河流宽度不小于15 m的河流水面
	ZX	中小河道水面	指河流宽度大于或等于1 m且小于15 m的河流水面
E-1104 坑塘水面	YZ	养殖坑塘类	指用于水产养殖的坑塘水面
DX 地下空间	JJ	结建	结合地面建筑一同开发建设的地下工程
	DJ	单建	独立于地面建筑单独开发建设的地下工程

本标准用词说明

1 为便于在执行本标准条文时区别对待,对要求严格程度不同的用词说明如下:
　　1)表示很严格,非这样做不可的用词:
　　　正面词采用"必须";
　　　反面词采用"严禁"。
　　2)表示严格,在正常情况均应这样做的用词:
　　　正面词采用"应";
　　　反面词采用"不应"或"不得"。
　　3)表示允许稍有选择,在条件许可时首先应这样做的用词:
　　　正面词采用"宜";
　　　反面词采用"不宜"。
　　4)表示有选择,在一定条件下可以这样做的用词,采用"可"。

2 本标准中指明应按其他有关标准、规范执行的写法为"应符合……的规定(要求)"或"应按……执行"。

上海市工程建设规范

国土分类标准

DG/TJ 08—2391—2021
J 16173—2022

条文说明

2024　上海

目 次

1 总 则 …………………………………………… 47
4 分类编码与名称 ………………………………… 48

Contents

1 General provisions 47
4 Classification codes and names 48

1 总　则

1.0.3 本标准在执行过程中，尚应符合以下标准和文件的要求：

1 《城市用地分类与规划建设用地标准》GB 50137—2011
2 《土地利用现状分类》GB/T 21010—2017
3 《湿地分类》GB/T 24708—2009
4 《林地资源分类与编码 森林资源》GB/T 14721—2010
5 《城市地下空间规划标准》GB/T 51358—2019
6 《水功能区划分标准》GB/T 50594—2010
7 《第三次全国国土调查技术规程》GB/T 1055—2019
8 《海域使用分类标准》HY/T 123—2009
9 《林地分类标准》LY/T 123—2009
10 《全国海洋功能区划(2011—2020年)》
11 《全国特别规定的灌木林地的规定(试行)》
12 《国土空间调查、规划、用途管制用地用海分类指南（试行)》
13 《上海市控制性详细规划技术准则(2016年修订版)》

4 分类编码与名称

标准编制过程中,编制组对本章内容与国家现行标准进行了对比,并进行土地三大类归并,现附上对比表格,以便使用者更好地理解本标准。其中,表1为本标准与《国土空间调查、规划、用途管制用地用海分类指南(试行)》对照表;表2为本标准与《土地利用现状分类》GB/T 21010—2017对照表;表3为本标准与《第三次全国国土调查技术规程》TD/T 1055—2019对照表;表4为本标准与《土地利用现状分类》GB/T 21010—2017三大类归并表。

表1 本标准与《国土空间调查、规划、用途管制用地用海分类指南(试行)》对照表

本标准中的分类					《国土空间调查、规划、用途管制用地用海分类指南(试行)》中的分类				
一级类		二级类		三级类		一级类		二级类		三级类	
编码	名称	编码	名称	编码	名称	编码	名称	编码	名称
00	湿地	N-0304	森林沼泽			05	湿地	0507	红树林地
								0501	森林沼泽
								0502	灌丛沼泽
								0503	沼泽草地
		E-1105	沿海滩涂					0505	沿海滩涂
		E-1106	内陆滩涂					0506	内陆滩涂
								0504	其他沼泽地
01	耕地	N-0101	水田			01	耕地	0101	水田
		N-0102	水浇地					0102	水浇地
		N-0103	旱地					0103	旱地
02	种植园用地	N-0201	果园			02	园地	0201	果园
		N-0202	茶园					0202	茶园
		N-0203	橡胶园					0203	橡胶园
		N-0204	其他园地					0204	其他园地

— 49 —

续表1

本标准中的分类						《国土空间调查、规划、用途管制用地用海分类指南（试行）》中的分类					
一级类		二级类		三级类		一级类		二级类		三级类	
编码	名称	编码	名称	编码	名称	编码	名称	编码	名称	编码	名称
03	林地	N-0301	乔木林地			03	林地	0301	乔木林地		
		N-0302	竹林地					0302	竹林地		
		N-0305	灌木林地					0303	灌木林地		
		N-0307	其他林地					0304	其他林地		
04	草地	—	—			04	草地	0401	天然牧草地		
		N-0403	人工牧草地					0402	人工牧草地		
		N-0404	其他草地	N-040401	景观草地			0403	其他草地	—	—
				N-040402	生产草地			—	—	—	—
				N-040403	荒草地			—	—	—	—
05	商业服务业用地	05H1	商服用地	Re2-0507	社区商业用地	09	商业服务业用地	0901	商业用地	090101	—
				C21-0501	零售商业用地						零售商业用地

续表1

本标准中的分类						《国土空间调查、规划、用途管制用地用海分类指南（试行）》中的分类					
一级类		二级类		三级类		三级类		二级类		一级类	
编码	名称	编码	名称	编码	名称	编码	名称	编码	名称	编码	名称
05	商业服务业用地	05H1	商服用地	C21-0502	批发市场用地	090102	批发市场用地	0901	商业用地	09	商业服务业用地
				C21-0503	餐饮用地	090103	餐饮用地				
				C22-0505	金融营业网点用地			0902	商务金融用地		
				C22-0507	市政营业网点用地	090105	公用设施营业网点用地	0901	商业用地		
				C23-0506	娱乐用地	090301	娱乐用地	0903	娱乐康体用地		
				C23-0507	康体用地	090302	康体用地				
				C24-0504	旅馆用地	090104	旅馆用地	0901	商业用地		
				C29-0507	其他商服用地			0904	其他商业服务业用地		

续表1

本标准中的分类						《国土空间调查、规划、用途管制用地用海分类指南（试行）》中的分类					
一级类		二级类		三级类		三级类		二级类		一级类	
编码	名称	编码	名称	编码	名称	编码	名称	编码	名称	编码	名称
05	商业服务业用地	05H1	商服用地	C8-0505	商务办公用地			0904	其他商业服务业用地	09	商业服务业用地
				S91-0501	加油气站用地						
		W-0508	仓储物流用地	W1-0508	普通仓储用地	110101	一类物流仓储用地	1101	物流仓储用地	11	仓储用地
						110102	二类物流仓储用地				
				W2-0508	危险品仓储用地	110103	三类物流仓储用地				
				W3-0508	堆场用地	110101	一类物流仓储用地				
				W4-0508	物流用地	110101*	一类物流仓储用地				
				—	—			1102	储备库用地		

— 52 —

续表1

本标准中的分类						《国土空间调查、规划、用途管制用地用海分类指南(试行)》中的分类					
一级类		二级类		三级类		一级类		二级类		三级类	
编码	名称	编码	名称	编码	名称	编码	名称	编码	名称	编码	名称
06	工矿用地	M-0601	工业用地	M1-0601	一类工业用地	10	工矿用地	1001	工业用地	100101	一类工业用地
				M2-0601	二类工业用地					100102	二类工业用地
				M3-0601	三类工业用地					100103	三类工业用地
				M4-0601	工业研发用地					—	—
		0602	采矿用地					1002	采矿用地		
								1003	盐田		
07	居住用地	0701	城镇住宅用地	Rr1-0701	一类住宅组团用地	07	居住用地	0701	城镇住宅用地	070101	一类城镇住宅用地
				Rr2-0701	二类住宅组团用地					070102	二类城镇住宅用地

— 53 —

续表1

本标准中的分类					《国土空间调查、规划、用途管制用地用海分类指南(试行)》中的分类					
一级类		二级类		三级类		三级类		二级类		一级类	
编码	名称	编码	名称	编码	名称	编码	名称	编码	名称	编码	名称
07	居住用地	0701	城镇住宅用地	Rr3-0701	三类住宅组团用地	070103	三类城镇住宅用地	0701	城镇住宅用地	07	居住用地
				Rr4-0701	四类住宅组团用地	—	—				
				Rr5-0701	五类住宅组团用地	—	—				
		0702	农村宅基地	Rr1-0702	一类农村宅基地	070301	一类农村宅基地	0703	农村宅基地		
				Rr2-0702	二类农村宅基地	070302	二类农村宅基地				
08	公共管理与公共服务用地	08H1	机关团体新闻出版用地	Rc1-0801	社区行政管理用地			0801	机关团体用地	08	公共管理与公共服务用地
				C1-0801	行政办公用地						
				C31-0802	新闻出版用地						

续表1

本标准中的分类						《国土空间调查、规划、用途管制用地用海分类指南（试行）》中的分类					
一级类		二级类		三级类		三级类		二级类		一级类	
编码	名称	编码	名称	编码	名称	编码	名称	编码	名称	编码	名称
08	公共管理与公共服务用地	08H2	科教文卫用地	Rc3-0807	社区文化用地			0702	城镇社区服务设施用地	07	居住用地
				Rc4-0808	社区体育用地						
				Rc5-0805	社区医疗卫生用地			0704	农村社区服务设施用地		
				Rc6-0806	社区福利用地						
				Rc9	其他社区设施用地						
				C32-0807	文化艺术团体用地	080302	文化活动用地	0803	文化用地	08	公共管理与公共服务用地

续表1

本标准中的分类						《国土空间调查、规划、用途管制用地用海分类指南（试行）》中的分类					
一级类		二级类		三级类		一级类		二级类		三级类	
编码	名称	编码	名称	编码	名称	编码	名称	编码	名称	编码	名称
08	公共管理与公共服务用地	08H2	科教文卫用地	C33-0802	广播电视用地	13	公用设施用地	1308	广播电视设施用地		
				C34-0807	图书展览用地	08	公共管理与公共服务用地	0803	文化用地	080301	图书与展览用地
				C35-0807	演艺设施用地					080302	文化活动用地
				C36-0807	文化活动设施用地						
				C41-0808	体育场馆用地			0805	体育用地	080501	体育场馆用地
				C42-0808	体育训练用地					080502	体育训练用地
				C51-0805	综合医院用地			0806	医疗卫生用地	080601	医院用地

续表1

本标准中的分类					《国土空间调查、规划、用途管制用地用海分类指南(试行)》中的分类					
一级类		二级类		三级类		三级类		二级类		一级类
编码	名称	编码	名称	编码	名称	编码	名称	编码	名称	编码	名称
08	公共管理与公共服务用地	08H2	科教文卫用地	C52-0805	专科医院用地	080601	医院用地	0806	医疗卫生用地	08	公共管理与公共服务用地
				C53-0805	公共卫生设施用地	080603	公共卫生用地				
				C54-0805	其他医疗卫生用地	080602	基层医疗卫生设施用地				
				C91-0806	养老设施用地	080701	老年人社会福利用地	0807	社会福利用地		
				C92-0806	其他福利设施用地	080702	儿童社会福利用地				
						080703	残疾人社会福利用地				

续表1

本标准中的分类						《国土空间调查、规划、用途管制用地用海分类指南（试行）》中的分类					
一级类		二级类		三级类		一级类		二级类		三级类	
编码	名称	编码	名称	编码	名称	编码	名称	编码	名称	编码	名称
08	公共管理与公共服务用地	08H2	科教文卫用地	C92-0806	其他福利设施用地	08	公共管理与公共服务用地	0807	社会福利用地	080704	其他社会福利用地
				C99	其他公共设施用地					—	—
				C62-0803	中等专业学校用地			0804	教育用地	080402	中等职业教育用地
				C63-0803	成人与业余学校用地					080405	其他教育用地
				C64-0803	特殊学校用地						
				C65-0804	科研设计用地			0802	科研用地		
				Rs1-0803	完全中学用地			0804	教育用地	080403	中小学用地

续表1

本标准中的分类						《国土空间调查、规划、用途管制用地用海分类指南（试行）》中的分类					
一级类		二级类		三级类		三级类		二级类		一级类	
编码	名称	编码	名称	编码	名称	编码	名称	编码	名称	编码	名称
08	公共管理与公共服务用地	08H2	科教文卫用地	Rs2-0803	高级中学用地	080403	中小学用地	0804	教育用地	08	公共管理与公共服务用地
				Rs3-0803	初级中学用地						
				Rs4-0803	小学用地						
				Rs5-0803	九年一贯制学校用地						
				Rs6-0803	幼托用地	080404	幼儿园用地				
				C69-0803	其他学校用地	080405	其他教育用地				
		08H2A	高教用地	C61-08H2A	高等学校用地	080401	高等教育用地				

续表1

本标准中的分类						《国土空间调查、规划、用途管制用地用海分类指南（试行）》中的分类					
一级类		二级类		三级类		一级类		二级类		三级类	
编码	名称	编码	名称	编码	名称	编码	名称	编码	名称	编码	名称
08	公共管理与公共服务用地	0809	公用设施用地	U11-0809	供水用地	13	公用设施用地	1301	供水用地		
				U12-0809	供电用地			1302	排水用地		
				U13-0809	供燃气用地			1303	供电用地		
				U14-0809	供热用地			1304	供燃气用地		
				U2-0809	邮电通信设施用地			1305	供热用地		
								1306	通信用地		
								1307	邮政用地		
				U31-0809	雨水污水处理用地			1309	环卫用地		
				U32-0809	粪便垃圾处理用地						
				U33-0809	其他环卫用地						
				U4-0809	施工与维修设施用地			1313	其他公用设施用地		

续表1

本标准中的分类						《国土空间调查、规划、用途管制用地用海分类指南（试行）》中的分类					
一级类		二级类		三级类		三级类		二级类		一级类	
编码	名称	编码	名称	编码	名称	编码	名称	编码	名称	编码	名称
08	公共管理与公共服务用地	0809	公用设施用地	U6-0809	消防设施用地			1310	消防用地	13	公用设施用地
				U9-0809	其他市政设施用地			1313	其他公用设施用地		
		0810	公园与绿地	G11-0810	公园用地			1401	公园绿地	14	绿地与开敞空间用地
				G12-0810	街头绿地						
				G2-0810	防护绿地			1402	防护绿地		
		0810A	广场用地	S51-0810A	交通广场用地			1403	广场用地		
				S52-0810A	游憩集会广场用地						
09	特殊用地	D1-0901	军事用地					1501	军事设施用地	15	特殊用地
		D2-0902	外事用地					1502	使领馆用地		

续表1

本标准中的分类							《国土空间调查、规划、用途管制用地用海分类指南（试行）》中的分类						
一级类		二级类		三级类		二级类		三级类		一级类	
编码	名称	编码	名称	编码	名称	编码	名称	编码	名称	编码	名称
09	特殊用地	D3-0903	监教用地			1505	监教场所用地			15	特殊用地
		C93-0904	宗教用地			1503	宗教用地				
		U5-0905	殡葬设施用地			1506	殡葬用地				
		0906	自然风景名胜设施用地								
		0907	其他特殊用地			1507	其他特殊用地				
		C7-0906	文物古迹用地			1504	文物古迹用地				

续表1

本标准中的分类						《国土空间调查、规划、用途管制用地用海分类指南(试行)》中的分类				
一级类		二级类		三级类		二级类		三级类		一级类
编码	名称	编码	名称	编码	名称	编码	名称	编码	名称	名称 编码
10	交通运输用地	1001	铁路用地	T1-1001	铁路站用地	1201	铁路用地			
		1002	轨道交通用地	S2-1002	轨道站线用地	1206	城市轨道交通用地			交通运输用地 12
		1003	公路用地	T21-1003	公路用地	1202	公路用地			
		1004	城镇村道路用地	S11-1004	城镇道路用地	1207	城镇道路用地			
				S12-1004	街巷用地	—	—			
				S13-1004	乡村道路用地	0601	乡村道路用地			农业设施建设用地 06
		1005	交通服务场站用地	T22-1005	公路长途客运场站用地	1208	交通场站用地	120801	对外交通场站用地	交通运输用地 12
				S31-1005	机动车停车场用地			120803	社会停车场用地	

续表1

本标准中的分类						《国土空间调查、规划、用途管制用地用海分类指南（试行）》中的分类					
一级类		二级类		三级类		三级类		二级类		一级类	
编码	名称	编码	名称	编码	名称	编码	名称	编码	名称	编码	名称
10	交通运输用地	1005	交通服务场站用地	S32-1005	非机动车停车场用地	120803	社会停车场用地	1208	交通场站用地	12	交通运输用地
				S4-1005	交通场站用地	120802	公共交通场站用地				
				S6-1005	综合交通枢纽用地						
				S92-1005	其他交通设施用地			1209	其他交通设施用地		
		1006	农村道路	N-100601	村道用地	060101	村道用地	0601	乡村道路用地	06	农业设施建设用地
				N-100602	田间道	—		2303	田间道	23	其他土地
		1007	机场用地	T5-1007	机场用地			1203	机场用地	12	交通运输用地
		1008	港口码头用地	T4-1008	港口码头用地			1204	港口码头用地		
		1009	管道运输用地	T3-1009	管道运输用地			1205	管道运输用地		

续表1

本标准中的分类						《国土空间调查、规划、用途管制用地用海分类指南（试行）》中的分类					
一级类		二级类		三级类		二级类		三级类		一级类	
编码	名称	编码	名称	编码	名称	编码	名称	编码	名称	编码	名称
11	水域及水利设施用地	E-1101	河流水面			1701	河流水面			17	陆地水域
		E-1102	湖泊水面			1702	湖泊水面				
		E-1103	水库水面			1703	水库水面				
		E-1104	坑塘水面	E-1104A	养殖坑塘	1704	坑塘水面				
		N-1107	沟渠	N-1107A	干渠	1311	干渠			13	公用设施用地
		1109	水工建筑用地			1312	水工设施用地				
12	其他土地	1201	空闲地			2301	空闲地			23	其他土地
		1208	农转用预留地			—	—				
		N-1202	设施农业用地	N-120201	种植设施用地	0602	种植设施建设用地			06	农业设施建设用地

续表1

本标准中的分类						《国土空间调查、规划、用途管制用地用海分类指南（试行）》中的分类					
一级类		二级类		三级类		三级类		二级类		一级类	
编码	名称	编码	名称	编码	名称	编码	名称	编码	名称	编码	名称
12	其他土地	N-1202	设施农业用地	N-120202	畜禽养殖设施用地			0603	畜禽养殖设施建设用地	06	农业设施建设用地
				N-120203	水产养殖设施用地			0604	水产养殖设施建设用地		
				N-120204	林地管护设施用地			—			
		E-1206	裸土地					2306	裸土地	23	其他土地
		E-1207	裸岩石砾地					2307	裸岩石砾地		
18	渔业用海	1801	渔业基础设施用海					1801	渔业基础设施用海	18	渔业用海
		1802	增养殖用海					1802	增养殖用海		
		1803	捕捞海域					1803	捕捞海域		

续表1

本标准中的分类							《国土空间调查、规划、用途管制用地用海分类指南(试行)》中的分类					
一级类		二级类		三级类		一级类		二级类		三级类	
编码	名称	编码	名称	编码	名称	编码	名称	编码	名称	编码	名称
19	工矿通信用海	1901	工业用海			19	工矿通信用海	1901	工业用海		
		1902	盐田用海					1902	盐田用海		
		1903	固体矿产用海					1903	固体矿产用海		
		1904	油气用海					1904	油气用海		
		1905	可再生能源用海					1905	可再生能源用海		
		1906	海底电缆管道用海					1906	海底电缆管道用海		
20	交通运输用海	2001	港口用海			20	交通运输用海	2001	港口用海		
		2002	航运用海					2002	航运用海		
		2003	路桥隧道用海					2003	路桥隧道用海		

续表1

本标准中的分类							《国土空间调查、规划、用途管制用地用海分类指南（试行）》中的分类						
一级类		二级类		三级类			一级类		二级类		三级类	
编码	名称	编码	名称	编码	名称		编码	名称	编码	名称	编码	名称
21	游憩用海	2101	风景旅游用海				21	游憩用海	2101	风景旅游用海		
		2102	文体休闲娱乐用海						2102	文体休闲娱乐用海		
22	特殊用海	2201	军事用海				22	特殊用海	2201	军事用海		
		2202	其他特殊用海						2202	其他特殊用海		
23	天然海域						23	天然海域				

表 2 本标准与《土地利用现状分类》GB/T 21010—2017 对照表

本标准中的分类						《土地利用现状分类》中的分类				
一级类		二级类		三级类		二级类		一级类	
编码	名称	编码	名称	编码	名称	编码	名称	编码	名称
00	湿地	—	—			0303	红树林地	03	林地
		N-0304	森林沼泽			0304	森林沼泽		
		—	—			0306	灌丛沼泽		
		—	—			0402	沼泽草地	04	草地
		E-1105	沿海滩涂			1105	沿海滩涂	11	水域及水利设施用地
		E-1106	内陆滩涂			1106	内陆滩涂		
						1108	沼泽地		
01	耕地	N-0101	水田			0101	水田	01	耕地
		N-0102	水浇地			0102	水浇地		
		N-0103	旱地			0103	旱地		
02	种植园用地	N-0201	果园			0201	果园	02	园地
		N-0202	茶园			0202	茶园		
		N-0203	橡胶园			0203	橡胶园		
		N-0204	其他园地			0204	其他园地		

续表2

| 本标准中的分类 ||||| 《土地利用现状分类》中的分类 |||||
| 一级类 || 二级类 || 三级类 | 二级类 || 一级类 ||
编码	名称	编码	名称	编码	名称	编码	名称	编码	名称
03	林地	N-0301	乔木林地			0301	乔木林地	03	林地
		N-0302	竹林地			0302	竹林地		
		N-0305	灌木林地			0305	灌木林地		
		N-0307	其他林地			0307	其他林地		
04	草地	—				0401	天然牧草地	04	草地
		N-0403	人工牧草地			0403	人工牧草地		
		N-0404	其他草地	N-040401	景观草地	0404	其他草地		
				N-040402	生产草地	—			
				N-040403	荒草地	—			
05	商业服务业用地	05H1	商服用地	Rc2-0507	社区商业用地	0507	其他商服用地	05	商服用地
				C21-0501	零售商业用地	0501	零售商业用地		
				C21-0502	批发市场用地	0502	批发市场用地		
				C21-0503	餐饮用地	0503	餐饮用地		

续表2

本标准中的分类						《土地利用现状分类》中的分类			
一级类		二级类		三级类		一级类		二级类	
编码	名称	编码	名称	编码	名称	编码	名称	编码	名称
05	商业服务业用地	05H1	商服用地	C22-0505	金融营业网点用地	05	商服用地	0505	商务金融用地
				C22-0507	市政营业网点用地			0507	其他商服用地
				C23-0506	娱乐用地			0506	娱乐用地
				C23-0507	康体用地			0507	其他商服用地
				C24-0504	旅馆用地			0504	旅馆用地
				C29-0507	其他商服用地			0507	其他商服用地
				C8-0505	商务办公用地				
		W-0508	仓储物流用地	S91-0501	加油气站用地	06	工矿仓储用地	0604	仓储用地
				W1-0508	普通仓储用地				
				W2-0508	危险品仓储用地				
				W3-0508	堆场用地				
				W4-0508	物流用地				
06	工矿用地	M-0601	工业用地	M1-0601	一类工业用地			0601	工业用地
				M2-0601	二类工业用地				

— 71 —

续表2

本标准中的分类					《土地利用现状分类》中的分类				
一级类		二级类		三级类		一级类		二级类	
编码	名称	编码	名称	编码	名称	编码	名称	编码	名称
06	工矿用地	M-0601	工业用地	M3-0601	三类工业用地	06	工矿仓储用地	0601	工业用地
				M4-0601	工业研发用地				
		0602	采矿用地	—	—			0602	采矿用地
								0603	盐田
07	居住用地	0701	城镇住宅用地	Rr1-0701	一类住宅组团用地	07	住宅用地	0701	城镇住宅用地
				Rr2-0701	二类住宅组团用地				
				Rr3-0701	三类住宅组团用地				
				Rr4-0701	四类住宅组团用地				
				Rr5-0701	五类住宅组团用地				
		0702	农村宅基地	Rr1-0702	一类农村宅基地			0702	农村宅基地
				Rr2-0702	二类农村宅基地				

续表2

本标准中的分类						《土地利用现状分类》中的分类			
一级类		二级类		三级类		二级类		一级类	
编码	名称	编码	名称	编码	名称	编码	名称	编码	名称
08	公共管理与公共服务用地	08H1	机关团体新闻出版用地	Rc1-0801	社区行政管理用地	0801	机关团体用地	08	公共管理与公共服务用地
				C1-0801	行政办公用地				
				C31-0802	新闻出版文化用地	0802	新闻出版用地		
				Rc3-0807	社区文化用地	0807	文化设施用地		
				Rc4-0808	社区体育用地	0808	体育用地		
				Rc5-0805	社区医疗卫生用地	0805	医疗卫生用地		
				Rc6-0806	社区福利用地	0806	社会福利用地		
				Rc9	其他社区设施用地	0809	公用设施用地		
		08H2	科教文卫用地	C32-0807	文化艺术团体用地	0807	文化设施用地		
				C33-0802	广播电视用地	0802	新闻出版用地		
				C34-0807	图书展览用地	0807	文化设施用地		
				C35-0807	演艺设施用地				
				C36-0807	文化活动设施用地				
				C41-0808	体育场馆用地	0808	体育用地		

续表2

本标准中的分类						《土地利用现状分类》中的分类			
一级类		二级类		三级类		二级类		一级类	
编码	名称	编码	名称	编码	名称	编码	名称	编码	名称
08	公共管理与公共服务用地	08H2	科教文卫用地	C42-0808	体育训练用地	0808	体育用地	08	公共管理与公共服务用地
				C51-0805	综合医院用地	0805	医疗卫生用地		
				C52-0805	专科医院用地				
				C53-0805	公共卫生设施用地				
				C54-0805	其他医疗卫生用地				
				C91-0806	养老设施用地	0806	社会福利用地		
				C92-0806	其他福利设施用地				
				C99	其他公共设施用地	0809	公用设施用地		
				C62-0803	中等专业学校用地	0803	教育用地		
				C63-0803	成人与业余学校用地				
				C64-0803	特殊学校用地				
				C65-0804	科研设计用地	0804	科研用地		

— 74 —

续表2

本标准中的分类						《土地利用现状分类》中的分类			
一级类		二级类		三级类		二级类		一级类	
编码	名称	编码	名称	编码	名称	编码	名称	编码	名称
08	公共管理与公共服务用地	08H2	科教文卫用地	Rs1-0803	完全中学用地	0803	教育用地	08	公共管理与公共服务用地
				Rs2-0803	高级中学用地				
				Rs3-0803	初级中学用地				
				Rs4-0803	小学用地				
				Rs5-0803	九年一贯制学校用地				
				Rs6-0803	幼托用地				
				C69-0803	其他学校用地				
		08H2A	高教用地	C61-08H2A	高等学校用地				
		0809	公用设施用地	U11-0809	供水用地	0809	公用设施用地		
				U12-0809	供电用地				
				U13-0809	供燃气用地				
				U14-0809	供热用地				
				U2-0809	邮电通信设施用地				

续表2

本标准中的分类						《土地利用现状分类》中的分类					
一级类		二级类		三级类		一级类		二级类			
编码	名称	编码	名称	编码	名称	编码	名称	编码	名称		
08	公共管理与公共服务用地	0809	公用设施用地	U31-0809	雨水污水处理用地	08	公共管理与公共服务用地	0809	公用设施用地		
				U32-0809	粪便垃圾处理用地						
				U33-0809	其他环卫用地						
				U4-0809	施工与维修设施用地						
				U6-0809	消防设施用地						
				U9-0809	其他市政设施用地						
		0810	公园与绿地	G11-0810	公园用地			0810	公园与绿地		
				G12-0810	街头绿地						
				G2-0810	防护绿地						
		0810A	广场用地	S51-0810A	交通广场用地						
				S52-0810A	游憩集会广场用地						

续表2

本标准中的分类						《土地利用现状分类》中的分类				
一级类		二级类		三级类		一级类		二级类		
编码	名称	编码	名称	编码	名称	编码	名称	编码	名称	
09	特殊用地	D1-0901	军事用地			09	特殊用地	0901	军事设施用地	
		D2-0902	外事用地					0902	使领馆用地	
		D3-0903	监教用地					0903	监教场所用地	
		C93-0904	宗教用地					0904	宗教用地	
		U5-0905	殡葬设施用地					0905	殡葬用地	
		0906	自然风景名胜设施用地					0906	自然风景名胜设施用地	
		C7-0906	文物古迹用地					—	—	
		0907	其他特殊用地							
10	交通运输用地	1001	铁路用地	T1-1001	铁路用地	10	交通运输用地	1001	铁路用地	
		1002	轨道交通用地	S2-1002	轨道站线用地			1002	轨道交通用地	
		1003	公路用地	T21-1003	公路用地			1003	公路用地	
		1004	城镇村道路用地	S11-1004	城镇道路用地			1004	城镇村道路用地	
				S12-1004	街巷用地					

续表2

本标准中的分类						《土地利用现状分类》中的分类				
一级类		二级类		三级类		一级类		二级类		
编码	名称	编码	名称	编码	名称	编码	名称	编码	名称	
10	交通运输用地	1004	城镇村道路用地	S13-1004	乡村道路用地	10	交通运输用地	1004	城镇村道路用地	
		1005	交通服务场站用地	T22-1005	公路长途客运场站用地			1005	交通服务场站用地	
				S31-1005	机动车停车场用地					
				S32-1005	非机动车停车场用地					
				S4-1005	交通场站用地					
				S6-1005	综合交通枢纽用地					
				S92-1005	其他交通设施用地					
		1006	农村道路	N-100601	村道用地			1006	农村道路	
				N-100602	田间道					

续表2

本标准中的分类						《土地利用现状分类》中的分类			
一级类		二级类		三级类		二级类		一级类	
编码	名称	编码	名称	编码	名称	编码	名称	编码	名称
10	交通运输用地	1007	机场用地	T5-1007	机场用地	1007	机场用地	10	交通运输用地
		1008	港口码头用地	T4-1008	港口码头用地	1008	港口码头用地		
		1009	管道运输用地	T3-1009	管道运输用地	1009	管道运输用地		
11	水域及水利设施用地	E-1101	河流水面			1101	河流水面	11	水域及水利设施用地
		E-1102	湖泊水面			1102	湖泊水面		
		E-1103	水库水面			1103	水库水面		
		E-1104	坑塘水面	E-1104A	养殖坑塘	1104	坑塘水面		
		N-1107	沟渠	N-1107A	干渠	1107	沟渠		
		1109	水工建筑用地			1109	水工建筑用地		
12	其他土地	1201	空闲地			1201	空闲地	12	其他土地
		1208	农转用预留地			—	—		
		N-1202	设施农业用地	N-120201	种植设施用地	1202	设施农用地		
				N-120202	畜禽养殖设施用地				

— 79 —

续表2

本标准中的分类							《土地利用现状分类》中的分类			
一级类		二级类		三级类		二级类		一级类	
编码	名称	编码	名称	编码	名称	编码	名称	编码	名称
12	其他土地	N-1202	设施农业用地	N-120203	水产养殖设施用地	1202	设施农业用地	12	其他土地
				N-120204	林地管护设施用地				
				—	—	1203	田坎		
				—	—	1204	盐碱地		
				—	—	1205	沙地		
		E-1206	裸土地			1206	裸土地		
		E-1207	裸岩石砾地			1207	裸岩石砾地		
18	渔业用海	1801	渔业基础设施用海			无此用海分类			
		1802	增养殖用海						
		1803	捕捞海域						
19	工矿通信用海	1901	工业用海						
		1902	盐田用海						

— 80 —

续表2

本标准中的分类							《土地利用现状分类》中的分类			
一级类		二级类		三级类			二级类		一级类	
编码	名称	编码	名称	编码	名称		编码	名称	编码	名称
19	工矿通信用海	1903	固体矿产用海			无此用地用海分类				
		1904	油气用海							
		1905	可再生能源用海							
		1906	海底电缆管道用海							
20	交通运输用海	2001	港口用海							
		2002	航运用海							
		2003	路桥隧道用海							
21	游憩用海	2101	风景旅游用海							
		2102	文体休闲娱乐用海							
22	特殊用海	2201	军事用海							
		2202	其他特殊用海							
23	天然海域									

表3 本标准与《第三次全国国土调查技术规程》TD/T 1055—2019 对照表

本标准中的分类							《第三次全国国土调查技术规程》中的分类						
一级类		二级类		三级类			三级类		二级类		一级类	
编码	名称	编码	名称	编码	名称		编码	名称	编码	名称	名称	编码
00	湿地	—	—						0303	红树林地	湿地	00
00	湿地	N-0304	森林沼泽						0304	森林沼泽	湿地	00
00	湿地	—	—						0306	灌丛沼泽	湿地	00
00	湿地	—	—						0402	沼泽草地	湿地	00
00	湿地	—	—						0603	盐田	湿地	00
00	湿地	E-1105	沿海滩涂						1105	沿海滩涂	湿地	00
00	湿地	E-1106	内陆滩涂						1106	内陆滩涂	湿地	00
00	湿地	—	—						1108	沼泽地	湿地	00
01	耕地	N-0101	水田						0101	水田	耕地	01
01	耕地	N-0102	水浇地						0102	水浇地	耕地	01
01	耕地	N-0103	旱地						0103	旱地	耕地	01
02	种植园用地	N-0201	果园				0201K	可调整果园	0201	果园	园地	02
02	种植园用地	N-0202	茶园				0202K	可调整茶园	0202	茶园	园地	02

续表3

<table>
<tr><th colspan="5">本标准中的分类</th><th colspan="6">《第三次全国国土调查技术规程》中的分类</th></tr>
<tr><th colspan="2">一级类</th><th colspan="2">二级类</th><th colspan="2">三级类</th><th colspan="2">一级类</th><th colspan="2">二级类</th><th colspan="2">三级类</th></tr>
<tr><th>编码</th><th>名称</th><th>编码</th><th>名称</th><th>编码</th><th>名称</th><th>编码</th><th>名称</th><th>编码</th><th>名称</th><th>编码</th><th>名称</th></tr>
<tr><td rowspan="2">02</td><td rowspan="2">种植园用地</td><td>N-0203</td><td>橡胶园</td><td></td><td></td><td rowspan="2">02</td><td rowspan="2">园地</td><td>0203</td><td>橡胶园</td><td>0203K</td><td>可调整橡胶园</td></tr>
<tr><td>N-0204</td><td>其他园地</td><td></td><td></td><td>0204</td><td>其他园地</td><td>0204K</td><td>可调整其他园地</td></tr>
<tr><td rowspan="4">03</td><td rowspan="4">林地</td><td>N-0301</td><td>乔木林地</td><td></td><td></td><td rowspan="4">03</td><td rowspan="4">林地</td><td>0301</td><td>乔木林地</td><td>0301K</td><td>可调整乔木林地</td></tr>
<tr><td>N-0302</td><td>竹林地</td><td></td><td></td><td>0302</td><td>竹林地</td><td>0302K</td><td>可调整竹林地</td></tr>
<tr><td>N-0305</td><td>灌木林地</td><td></td><td></td><td>0305</td><td>灌木林地</td><td></td><td></td></tr>
<tr><td>N-0307</td><td>其他林地</td><td></td><td></td><td>0307</td><td>其他林地</td><td>0307K</td><td>可调整其他林地</td></tr>
<tr><td rowspan="2">04</td><td rowspan="2">草地</td><td>—</td><td>—</td><td></td><td></td><td rowspan="2">04</td><td rowspan="2">草地</td><td>0401</td><td>天然牧草地</td><td></td><td></td></tr>
<tr><td>N-0403</td><td>人工牧草地</td><td></td><td></td><td>0403</td><td>人工牧草地</td><td>0403K</td><td>可调整人工牧草地</td></tr>
</table>

— 83 —

续表3

本标准中的分类							《第三次全国国土调查技术规程》中的分类					
一级类		二级类		三级类			三级类		二级类		一级类	
编码	名称	编码	名称	编码	名称	名称	编码	名称	编码	名称	编码
04	草地	N-0404	其他草地	N-040401	景观草地			其他草地	0404	草地	04
				N-040402	生产草地			—	—		
				N-040403	荒草地			—	—		
05	商业服务业用地	05H1	商服用地	Rc2-0507	社区商业用地			商业服务业设施用地	05H1	商业服务业用地	05
				C21-0501	零售商业用地						
				C21-0502	批发市场用地						
				C21-0503	餐饮用地						
				C22-0505	金融营业网点用地						
				C22-0507	市政营业网点用地						

续表3

本标准中的分类						《第三次全国国土调查技术规程》中的分类					
一级类		二级类		三级类		一级类		二级类		三级类	
编码	名称	编码	名称	编码	名称	编码	名称	编码	名称	编码	名称
05	商业服务业用地	05H1	商服用地	C23-0506	娱乐用地	05	商业服务用地	05H1	商业服务业设施用地		
				C23-0507	康体用地						
				C24-0504	旅馆用地						
				C29-0507	其他商服用地						
				C8-0505	商务办公用地						
				S91-0501	加油气站用地						
		W-0508	仓储物流用地	W1-0508	普通仓储用地			0508	物流仓储用地		
				W2-0508	危险品仓储用地						
				W3-0508	堆场用地						
				W4-0508	物流用地						

续表3

本标准中的分类					《第三次全国国土调查技术规程》中的分类				
一级类		二级类		三级类	二级类		一级类	
编码	名称	编码	名称	编码	名称	编码	名称	编码	名称
06	工矿用地	M-0601	工业用地	M1-0601	一类工业用地			0601	工业用地	06	工矿用地
				M2-0601	二类工业用地						
				M3-0601	三类工业用地						
				M4-0601	工业研发用地						
		0602	采矿用地					0602	采矿用地		
07	居住用地	0701	城镇住宅用地	Rr1-0701	一类住宅组团用地			0701	城镇住宅用地	07	住宅用地
				Rr2-0701	二类住宅组团用地						
				Rr3-0701	三类住宅组团用地						
				Rr4-0701	四类住宅组团用地						
				Rr5-0701	五类住宅组团用地						

续表3

本标准中的分类						《第三次全国国土调查技术规程》中的分类					
一级类		二级类		三级类		一级类		二级类		三级类	
编码	名称	编码	名称	编码	名称	编码	名称	编码	名称	编码	名称
07	居住用地	0702	农村宅基地	Rr1-0702	一类农村宅基地	07	住宅用地	0702	农村宅基地		
				Rr2-0702	二类农村宅基地						
08	公共管理与公共服务用地	08H1	机关团体新闻出版用地	Rc1-0801	社区行政管理用地	08	公共管理与公共服务用地	08H1	机关团体新闻出版用地		
				C1-0801	行政办公用地						
				C31-0802	新闻出版用地						
		08H2	科教文卫用地	Rc3-0807	社区文化用地			08H2	科教文卫用地		
				Rc4-0808	社区体育用地						

— 87 —

续表3

本标准中的分类							《第三次全国国土调查技术规程》中的分类						
一级类		二级类		三级类			三级类		二级类		一级类	
编码	名称	编码	名称	编码	名称	编码	名称	编码	名称	编码	名称
08	公共管理与公共服务用地	08H2	科教文卫用地	Rc5-0805	社区医疗卫生用地			08H2	科教文卫用地	08	公共管理与公共服务用地
				Rc6-0806	社区福利用地						
				Rc9	其他社区设施用地						
				C32-0807	文化艺术团体用地						
				C33-0802	广播电视用地			08H1	机关团体新闻出版用地		
				C34-0807	图书展览用地			08H2	科教文卫用地		
				C35-0807	演艺设施用地						

续表3

本标准中的分类					《第三次全国国土调查技术规程》中的分类					
一级类		二级类		三级类		一级类		二级类		三级类	
编码	名称	编码	名称	编码	名称	编码	名称	编码	名称	编码	名称
08	公共管理与公共服务用地	08H2	科教文卫用地	C36-0807	文化活动设施用地	08	公共管理与公共服务用地	08H2	科教文卫用地		
				C41-0808	体育场馆用地						
				C42-0808	体育训练用地						
				C51-0805	综合医院用地						
				C52-0805	专科医院用地						
				C53-0805	公共卫生设施用地						
				C54-0805	其他医疗卫生用地						

续表3

本标准中的分类							《第三次全国国土调查技术规程》中的分类					
一级类		二级类		三级类		三级类		二级类		一级类	
编码	名称	编码	名称	编码	名称	编码	名称	编码	名称	编码	名称
08	公共管理与公共服务用地	08H2	科教文卫用地	C91-0806	养老设施用地			08H2	科教文卫用地	08	公共管理与公共服务用地
				C92-0806	其他福利设施用地						
				C99	其他公共设施用地			0809	公用设施用地		
				C62-0803	中等专业学校用地			08H2	科教文卫用地		
				C63-0803	成人与业余学校用地						
				C64-0803	特殊学校用地						
				C65-0804	科研设计用地			0804	科研用地		

续表3

本标准中的分类						《第三次全国国土调查技术规程》中的分类					
一级类		二级类		三级类		三级类		二级类		一级类	
编码	名称	编码	名称	编码	名称	编码	名称	编码	名称	编码	名称
08	公共管理与公共服务用地	08H2	科教文卫用地	Rs1-0803	完全中学用地			08H2	科教文卫用地	08	公共管理与公共服务用地
				Rs2-0803	高级中学用地						
				Rs3-0803	初级中学用地						
				Rs4-0803	小学用地						
				Rs5-0803	九年一贯制学校用地						
				Rs6-0803	幼托用地						
				C69-0803	其他学校用地						
		08H2A	高教用地	C61-08H2A	高等学校用地	08H2A	高教用地				

续表3

<table>
<tr><th colspan="3">本标准中的分类</th><th colspan="6">《第三次全国国土调查技术规程》中的分类</th></tr>
<tr><th colspan="2">一级类</th><th colspan="2">二级类</th><th colspan="2">三级类</th><th colspan="2">一级类</th><th colspan="2">二级类</th><th colspan="2">三级类</th></tr>
<tr><th>编码</th><th>名称</th><th>编码</th><th>名称</th><th>编码</th><th>名称</th><th>编码</th><th>名称</th><th>编码</th><th>名称</th><th>编码</th><th>名称</th></tr>
<tr><td rowspan="9">08</td><td rowspan="9">公共管理与公共服务用地</td><td rowspan="9">0809</td><td rowspan="9">公用设施用地</td><td>U11-0809</td><td>供水用地</td><td rowspan="9">08</td><td rowspan="9">公共管理与公共服务用地</td><td rowspan="9">0809</td><td rowspan="9">公用设施用地</td><td></td><td></td></tr>
<tr><td>U12-0809</td><td>供电用地</td><td></td><td></td></tr>
<tr><td>U13-0809</td><td>供燃气用地</td><td></td><td></td></tr>
<tr><td>U14-0809</td><td>供热用地</td><td></td><td></td></tr>
<tr><td>U2-0809</td><td>邮电通信设施用地</td><td></td><td></td></tr>
<tr><td>U31-0809</td><td>雨水污水处理用地</td><td></td><td></td></tr>
<tr><td>U32-0809</td><td>粪便垃圾处理用地</td><td></td><td></td></tr>
<tr><td>U33-0809</td><td>其他环卫用地</td><td></td><td></td></tr>
<tr><td>U4-0809</td><td>施工与维修设施用地</td><td></td><td></td></tr>
</table>

续表3

本标准中的分类					《第三次全国国土调查技术规程》中的分类					
一级类		二级类		三级类			二级类		一级类	
编码	名称	编码	名称	编码	名称	名称	编码	名称	编码	名称	编码
08	公共管理与公共服务用地	0809	公用设施用地			消防设施用地	U6-0809	公用设施用地	0809	公共管理与公共服务用地	08
						其他市政设施用地	U9-0809				
		0810	公园与绿地			公园用地	G11-0810	公园与绿地	0810		
						街头绿地	G12-0810				
						防护绿地	G2-0810				
		0810A	广场用地			交通广场用地	S51-0810A				
						游憩集会广场用地	S52-0810A	广场用地	0810A		
09	特殊用地	D1-0901	军事用地							特殊用地	09
		D2-0902	外事用地								
		D3-0903	监教用地								

续表3

本标准中的分类						《第三次全国国土调查技术规程》中的分类					
一级类		二级类		三级类		一级类		二级类		三级类	
编码	名称	编码	名称	编码	名称	编码	名称	编码	名称	编码	名称
09	特殊用地	C93-0904	宗教用地			09	特殊用地				
		U5-0905	殡葬设施用地								
		0906	自然风景名胜设施用地								
		C7-0906	文物古迹用地								
		0907	其他特殊用地								
10	交通运输用地	1001	铁路用地	T1-1001	铁路用地	10	交通运输用地	1001	铁路用地		
		1002	轨道交通用地	S2-1002	轨道站线用地			1002	轨道交通用地		
		1003	公路用地	T21-1003	公路用地			1003	公路用地		
		1004	城镇村道路用地	S11-1004	城镇村道路用地			1004	城镇村道路用地		

续表3

本标准中的分类							《第三次全国国土调查技术规程》中的分类					
一级类		二级类		三级类		三级类		二级类		一级类	
编码	名称	编码	名称	编码	名称	编码	名称	编码	名称	编码	名称
10	交通运输用地	1004	城镇村道路用地	S12-1004	街巷用地			1004	城镇村道路用地	10	交通运输用地
				S13-1004	乡村道路用地						
		1005	交通服务场站用地	T22-1005	公路长途客运站用地			1005	交通服务场站用地		
				S31-1005	机动车停车场用地						
				S32-1005	非机动车停车场用地						
				S4-1005	交通场站用地						
				S6-1005	综合交通枢纽用地						
				S92-1005	其他交通设施用地						

续表3

本标准中的分类					《第三次全国国土调查技术规程》中的分类					
一级类		二级类		三级类		二级类		三级类		一级类
编码	名称	编码	名称	编码	名称	编码	名称	编码	名称	编码	名称

一级类编码	一级类名称	二级类编码	二级类名称	三级类编码	三级类名称	二级类编码	二级类名称	三级类编码	三级类名称	一级类编码	一级类名称
10	交通运输用地	1006	农村道路	N-100601	村道用地	1006	农村道路			10	交通运输用地
				N-100602	田间道						
		1007	机场用地	T5-1007	机场用地	1007	机场用地				
		1008	港口码头用地	T4-1008	港口码头用地	1008	港口码头用地				
		1009	管道运输用地	T3-1009	管道运输用地	1009	管道运输用地				
11	水域及水利设施用地	E-1101	河流水面			1101	河流水面			11	水域及水利设施用地
		E-1102	湖泊水面			1102	湖泊水面				
		E-1103	水库水面			1103	水库水面				
		E-1104	坑塘水面	E-1104A	养殖坑塘	1104	坑塘水面	1104A	养殖坑塘		
		N-1107	沟渠	N-1107A	干渠	1107	沟渠	1107A	干渠		
		1109	水工建筑用地	—	—	1109	水工建筑用地				
						1110	冰川及永久积雪				

— 96 —

续表3

本标准中的分类						《第三次全国国土调查技术规程》中的分类					
一级类		二级类		三级类		一级类		二级类		三级类	
编码	名称	编码	名称	编码	名称	编码	名称	编码	名称	编码	名称
12	其他土地	1201	空闲地	—	—	12	其他土地	1201	空闲地	—	—
		1208	农转用预留地	—	—			—	—	—	—
		N-1202	设施农业用地	N-120201	种植设施用地			*1202	设施农用地	—	—
				N-120202	畜禽养殖设施用地					—	—
				N-120203	水产养殖设施用地					—	—
				N-120204	林地管护设施用地					—	—
								1203	田坎		
								1204	盐碱地		
								1205	沙地		
		E-1206	裸土地					1206	裸土地		
		E-1207	裸岩石砾地					1207	裸岩石砾地		

续表3

本标准中的分类						《第三次全国国土调查技术规程》中的分类						
一级类		二级类		三级类		一级类		二级类		三级类		
编码	名称	编码	名称	编码	名称	编码	名称	编码	名称	编码	名称	
18	渔业用海	1801	渔业基础设施用海			无此用地用海分类						
		1802	增养殖用海									
		1803	捕捞海域									
19	工矿通信用海	1901	工业用海									
		1902	盐田用海									
		1903	固体矿产用海									
		1904	油气用海									
		1905	可再生能源用海									
		1906	海底电缆管道用海									
20	交通运输用海	2001	港口用海									
		2002	航运用海									

续表3

本标准中的分类			《第三次全国国土调查技术规程》中的分类					
一级类		二级类		三级类		一级类	二级类	三级类
编码	名称	编码	名称	编码	名称	名称 编码	名称 编码	名称 编码
20	交通运输用海	2003	路桥隧道用海			无此用地用海分类		
21	游憩用海	2101	风景旅游用海					
		2102	文体休闲娱乐用海					
22	特殊用海	2201	军事用海					
		2202	其他特殊用海					
23	天然海域							

表4 本标准用地分类与《土地利用现状分类》GB/T 21010—2017 三大类归并表

三大类	本标准用地分类	
	地类编码	地类名称
农用地	N-0101	水田
	N-0102	水浇地
	N-0103	旱地
	N-0201	果园
	N-0202	茶园
	N-0203	橡胶园
	N-0204	其他园地
	N-0301	乔木林地
	N-0302	竹林地
	N-0305	灌木林地
	N-0307	其他林地
	N-0403	人工牧草地
	N-0404	其他草地
	N-040401	景观草地
	N-040402	生产草地
	N-1006	农村道路
	N-100601	村道用地
	N-100602	田间道
	E-1104A	养殖坑塘
	N-1107	沟渠
	N-1107A	干渠
	N-1202	设施农业用地
	N-120201	种植设施用地
	N-120202	畜禽养殖设施用地
	N-120203	水产养殖设施用地
	N-120204	林地管护设施用地

续表4

三大类	本标准用地分类	
	地类编码	地类名称
建设用地	05H1	商服用地
	Rc2-0507	社区商业用地
	C21-0501	零售商业用地
	C21-0502	批发市场用地
	C21-0503	餐饮用地
	C22-0505	金融营业网点用地
	C22-0507	市政营业网点用地
	C23-0506	娱乐用地
	C23-0507	康体用地
	C24-0504	旅馆用地
	C29-0507	其他商服用地
	C8-0505	商务办公用地
	S91-0501	加油气站用地
	W-0508	仓储物流用地
	W1-0508	普通仓储用地
	W2-0508	危险品仓储用地
	W3-0508	堆场用地
	W4-0508	物流用地
	M-0601	工业用地
	M1-0601	一类工业用地
	M2-0601	二类工业用地
	M3-0601	三类工业用地
	M4-0601	工业研发用地
	0602	采矿用地
	0701	城镇住宅用地

续表4

三大类	本标准用地分类	
	地类编码	地类名称
建设用地	Rr1-0701	一类住宅组团用地
	Rr2-0701	二类住宅组团用地
	Rr3-0701	三类住宅组团用地
	Rr4-0701	四类住宅组团用地
	Rr5-0701	五类住宅组团用地
	0702	农村宅基地
	Rr1-0702	一类农村宅基地
	Rr2-0702	二类农村宅基地
	08H1	机关团体新闻出版用地
	Rc1-0801	社区行政管理用地
	C1-0801	行政办公用地
	C31-0802	新闻出版用地
	08H2	科教文卫用地
	Rc3-0807	社区文化用地
	Rc4-0808	社区体育用地
	Rc5-0805	社区医疗卫生用地
	Rc6-0806	社区福利用地
	Rc9	其他社区设施用地
	C32-0807	文化艺术团体用地
	C33-0802	广播电视用地
	C34-0807	图书展览用地
	C35-0807	演艺设施用地
	C36-0807	文化活动设施用地
	C41-0808	体育场馆用地
	C42-0808	体育训练用地

续表4

三大类	本标准用地分类	
	地类编码	地类名称
建设用地	C51-0805	综合医院用地
	C52-0805	专科医院用地
	C53-0805	公共卫生设施用地
	C54-0805	其他医疗卫生用地
	C91-0806	养老设施用地
	C92-0806	其他福利设施用地
	C99	其他公共设施用地
	C62-0803	中等专业学校用地
	C63-0803	成人与业余学校用地
	C64-0803	特殊学校用地
	C65-0804	科研设计用地
	Rs1-0803	完全中学用地
	Rs2-0803	高级中学用地
	Rs3-0803	初级中学用地
	Rs4-0803	小学用地
	Rs5-0803	九年一贯制学校用地
	Rs6-0803	幼托用地
	C69-0803	其他学校用地
	08H2A	高教用地
	C61-08H2A	高等学校用地
	0809	公用设施用地
	U11-0809	供水用地
	U12-0809	供电用地
	U13-0809	供燃气用地
	U14-0809	供热用地

续表4

三大类	本标准用地分类	
	地类编码	地类名称
建设用地	U2-0809	邮电通信设施用地
	U31-0809	雨水污水处理用地
	U32-0809	粪便垃圾处理用地
	U33-0809	其他环卫用地
	U4-0809	施工与维修设施用地
	U6-0809	消防设施用地
	U9-0809	其他市政设施用地
	0810	公园与绿地
	G11-0810	公园用地
	G12-0810	街头绿地
	G2-0810	防护绿地
	0810A	广场用地
	S51-0810A	交通广场用地
	S52-0810A	游憩集会广场用地
	D1-0901	军事用地
	D2-0902	外事用地
	D3-0903	监教用地
	C93-0904	宗教用地
	U5-0905	殡葬设施用地
	0906	自然风景名胜设施用地
	C7-0906	文物古迹用地
	0907	其他特殊用地
	1001	铁路用地
	T1-1001	铁路用地
	1002	轨道交通用地

续表4

三大类	本标准用地分类	
	地类编码	地类名称
建设用地	S2-1002	轨道站线用地
	1003	公路用地
	T21-1003	公路用地
	1004	城镇村道路用地
	S11-1004	城镇道路用地
	S12-1004	街巷用地
	S13-1004	乡村道路用地
	1005	交通服务场站用地
	T22-1005	公路长途客运场站用地
	S31-1005	机动车停车场用地
	S32-1005	非机动车停车场用地
	S4-1005	交通场站用地
	S6-1005	综合交通枢纽用地
	S92-1005	其他交通设施用地
	1007	机场用地
	T5-1007	机场用地
	1008	港口码头用地
	T4-1008	港口码头用地
	1009	管道运输用地
	T3-1009	管道运输用地
	1109	水工建筑用地
	1201	空闲地
	1208	农转用预留地
未利用地	N-0304	森林沼泽
	E-1105	沿海滩涂

续表4

三大类	本标准用地分类	
	地类编码	地类名称
未利用地	E-1106	内陆滩涂
	E-1101	河流水面
	E-1102	湖泊水面
	E-1103	水库水面
	E-1104	坑塘水面
	E-1206	裸土地
	E-1207	裸岩石砾地
	N-040403	荒草地